Unter Hannovers Dächern

CIP-Titelaufnahme der Deutschen Bibliothek
Johaentges, Karl:
Unter Hannovers Dächern
Fotos: Karl Johaentges
Text: Udo Iwannek
Hannover: KaJo-Verlag
Stuttgart: Internationales Landkartenhaus, 1989
ISBN 3-925544-03-8
NE: Johaentges, Karl (III.)
Iwannek, Udo (Mitverf.)

Gestaltung/Layout: Karl Johaentges, Hannover
Koordination: Renée Wasmund-Rüb, Hannover
Korrekturen: Günter Fröbel, Neustadt
Gertrud Kortlang, Barsinghausen
Uli Zimmermann, Frankfurt
Satz: Lichtsatz Wallier, Hannover
Reproduktionen: Repro-Möller, Hannover
Druck: Druckhaus E.A. Quensen, Lamspringe
Buchbinderei: Buchbinderei Rödiger, Hannover

Printed in Germany ISBN 3-925544-03-8
1. Auflage 1989

unseren Vätern
Richard und Eduard
gewidmet

Fotos Umschlagtitel:
- Blick aus dem Ballettübungssaal der Oper
- Schornsteinfeger über den Dächern von Linden
- Grasdächer der Wohnsiedlung ‚Laher Wiesen‘
- Vergessene Wilhelm-Busch-Büste, Museumsdachboden
- Himmelsdach über der Ruine der Aegidienkirche

KAJO-Verlag
Karl Johaentges, Hannover
Sortimentsauslieferung
ILH-GeoCenter, Stuttgart

Karl Johaentges (Fotos)
Udo Iwannek (Text)

Unter Hannovers Dächern

Danke

An dieser Stelle möchte ich all denen danken, die zum Gelingen dieses ungewöhnlichen Bildbandes beigetragen haben. Zuerst einmal Jackie, die nicht nur die langwierige ‚Geburt' dieses Buches kreativ und kritisch begleitete. Sie blieb auch mit viel Geduld und Liebe selbst an hektischen Streßtagen immer ein ruhender Pol im Verlag. Ein Dankeschön auch an Sid Auffahrt, Astrid Frohloff und Jürgen Hogrefe, Dagmar Brinckmann und Marianne Rauter für ihre Korrekturen und Anregungen beim Lesen der Manuskripte, an Bernhard Schmidt, Ulrich Bräuning, Peter Tautfest, Annegret Schnittger und Hethe Maass für ihre Hilfe bei der Auswahl der Dias. Darüber hinaus danke ich vor allem Micha Albrecht (Ballon der NORD/LB), Heinz-Dieter Gehrkens (Ballonsportclub), Rudolf Koch (Flugsportclub) und Horst Sandner (Helikopter-Service Hannover) für die Gelegenheit, Hannover einmal aus der Vogelperspektive (im Ballon oder Cessna) erleben zu können. Bedanken möchte ich mich auch bei Viola Hauschild und Frau Hotopp (Archiv des Historischen Museums) für die Abdruckgenehmigung der historischen Aufnahmen. Nicht zuletzt mein Dank an alle Freunde und Beteiligten vor Ort, die mit ihrer Zeit, wertvollen Tips und Ausdauer das Erscheinen dieses außergewöhnlichen Hannover-Portraits erst ermöglicht haben. Von Udo Iwannek besonderen Dank an Axel Gleick für lange, aufschlußreiche Gespräche.

Herbert Schmalstieg, Oberbürgermeister
Lothar Höfgen, Nds. Staatstheater
Wolfgang Lehmann, Volkswagen AG
Jamil Dabir
Heiner Menzel
Manfred Csende, Paketpost
Thomas Quensen
Eva Streich
Carola Schelle, Stadtbibliothek
Heinz Priess
Hanns Adrian, Stadtbaurat
Reinhard Reh, Amtsgericht
Ulrich Bauermeister, Bismarckschule
Olav Seidel, Continental Werke
Horst Grimm, Heizkraftwerk
Annemarie Liss
Buko
Ina, Jenny, Gabi, Regina aus dem Milieu
Jochen Lübke
Werner Dederding, Stadionbad
Lothar Wallo
Egbert Köte, Paketpost
Dr. Waldemar Röhrbein, Historisches Museum
Dr. Dietrich Meyer-Ravenstein, Amtsgericht
Jörg Zimmermann
Walter Eckstein
Dr. Edzard Blanke, Landtagspräsident
Friedrich-Karl Liefeld, Kulissenlager
Frai Tavernini, Andreas Ackermann, Eisfabrik
Julius Sommer, Kulissenlager Staatstheater
Konrad Zinnen
Georg Kania, Conti-Werk
Susanne Klaffenbach
Hartwig Möller
Wichard Lüdicke, Kreuzkirche
Bewohner des ‚Baukasten'-Wohnprojekts
Baskan Huseyin Isik, Moschee Weidendamm
Hodscha Abdulkadir, Moschee Lange Laube
Jörg Härms, DB-Werk Leinhausen
Elisabeth Vormer
Achim Busse, Üstra
Teresa Moser
Joern Heithecker, Deutsche Bank
Dagmar Kösters, Musikzirkus
Familie Reinecke, Burgstraße
Hermann Boockhoff, Laher Wiesen
Dietlind Preiss
Scorpions und Susan Troske
Günther Klapproth, DB-Rangierschuppen
Viola Hauschild
Werner Schallner
Peter Winter, Messe- und Ausstellungs-AG
Studenten des Corps Slesvico-Holsatia
Angelika, Christiane, Nanine, Archis
Günther Herborn, Hanomag
Detlev Busse, Zoo Hannover
Wolfgang Stiller, Hanomag
Herwig Guratsch, Wilhelm-Busch-Museum
Otto Heger, Feuerwache 3
Günther Hildebrand, Heizkraftwerk
Werner Frede, Justizvollzugsanstalt
Dr. Detlef Marquardt, NORD/LB
Jürgen Frank, HaMoWa
Prof. Dr. Lothar Dittrich, Zoo Hannover
Wolfgang Paech
Reinhold Schüddekopf, Fernmeldeturm
Hans-Jürgen Vierling, DB-Rangierschuppen
Konrad Rust, Gilde-Brauerei
Marion Klaas, Nordstadt-Krankenhaus
Klaus Meyer, Presseamt
Klaus Druhmann
Helmut Zimmermann
Dr. Rolf Schumacher, Nds. Landesmuseum
Hans Werner Danowski, Stadtsuperintendent
Peter Martin, Nds. Staatstheater
Familie Lange/Niederhöfer
Christiane, Christian Perschke-Hartmann
Hans Oppermann
Prinz Ernst August von Hannover
Klaus Lompa, Amtsgericht
Ulrich und Mitbewohner, Baumbachstraße
Ulrich Gerlach
Oda-Gebbine Holze-Stäblein, Martinsgemeinde
Susanne Lau, Amerikahaus
Eike Müller, Congreß Centrum Hannover
Peter Schmeißer, Uni-Hochhaus
Ines Buchmann, Uni-Presseamt
Planbox. Ingo Lippmann, Peter Fuge
Herr Sterzel, Hauptgüterbahnhof
Horst Bahlmann, Fürstenhaus
Hermann Pawlak-Herden, Feuerwache
Gregor Stroetmann
Achim Welp, Hochhaus-Kino
Sabine Horn, Annastift
Michael Rizor
Günter Krummaker, Bahlsen
Jürgen Heise, Wirtschaftsministerium
Tamara, Markus, Wallo – Kofferfabrik
Gerd Schreinecke, Marktkirche
Angelika Ott und Jörg-Wolfram Wenau
Ingo Lippman, Planbox
Fritz Sohns, Bethlehem-Kirche
Karl-Heinz Raach, Freiburg
Hans-Johann Boos, Schornsteinfeger
Manzano Pelegrina Gabriel, Palmenhaus
AGSTA Baukollektiv
Helmut und Stefanie, Scharniertheater
Peter Seibel, Standesamt

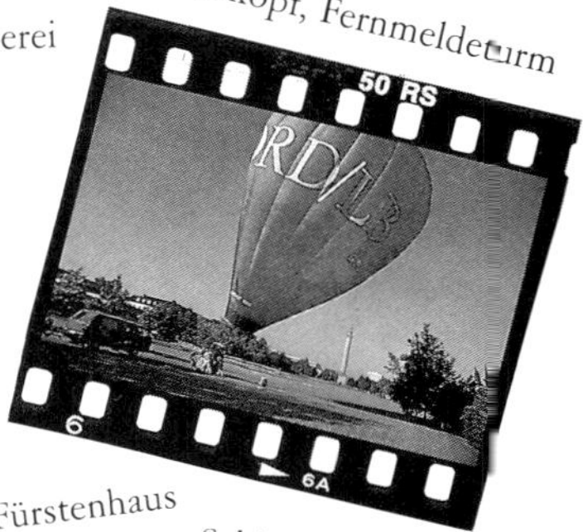

Vorwort

Unter den Dächern von Paris! Welch ein Thema! Aber Hannover? Die Hauptstadt an der Leine liegt nicht an der Seine und Hannover muß seine Bewohner und Besucher auch ohne spektakuläre Dachlandschaften überzeugen. Nichts prägt eine Stadtsilhouette mehr als ihre Dächer, sie sind die augenscheinlichsten Visitenkarten einer Stadt. Aber gerade diese Visitenkarte hat der Krieg fast völlig zerrissen und so fällt es außerordentlich schwer, sich dem Wesen dieser als ‚mittelmäßig' und ‚provinziell' gebranntmarkten Halbmillionenstadt über die Dächer zu nähern.

Was hält mich (der schon so viel von der Welt gesehen hat) überhaupt in Hannover? Hannover ist keine Weltstadt, auch keine Stadt, die andere Bundesbürger oder gar ausländische Touristen in Scharen anlockt. Und zugegeben, Hannover hat auch kein sehr einprägsames Gesicht, es ist eher charakterlos. Die Narben des Krieges sind zwar verheilt, aber nicht allzu ‚picturesque' für das Auge des Touristen, der Fachwerkhausquartiere, romantische Plätze, gotische Dome und dampfende Bierzelte erwartet. Auswärtige lernen Hannover eher auf dem Bahnsteig kennen, als Umsteiger der zahllosen Intercity-Züge, die sich hier kreuzen. Oder auf dem Weg zur Messe, dem Hauptmagnet der Stadt.

Hannover entfaltet seinen Charme und seine Vorteile eigentlich erst für diejenigen, die hier wohnen. Kinometropole, Kestner- und Sprengel-Museum, die Konzerte im Raschplatzpavillon, die Jazztage, Opernhaus, Herrenhausen, das Wilhelm-Busch-Museum und die recht liberale Atmosphäre einer norddeutschen Messestadt. Nicht zu vergessen: die vergleichsweise niedrigen Mieten, das exzellente Intercity-Netz, ein brauchbares und übersichtliches Kulturangebot und relativ viel städtisches Grün. Hannover liegt irgendwie in der Mitte, aber von Mittelmäßigkeit kann keine Rede sein.

Die Idee zu diesem Buch – ursprünglich von Jürgen Hogrefe – habe ich als eine willkommene Herausforderung begriffen. Ist es nicht viel schwieriger, Hannoveranern die bekannten und verborgenen Winkel

Hannovers ältester Dachstuhl: Burgstr. 12

ihrer Stadt näherzubringen, statt stimmungsvolle Bilder von unbekannten Flecken am anderen Ende der Welt mitzubringen? Trotzdem, im Grunde reizte mich nach meinen ersten (eher ‚exotischen') Bildbänden bei diesem Fotowerk genau das, was mich auch immer wieder in die Ferne zieht: das Unbekannte, Versteckte, ja das Exotische. Mich lockte einfach das Abenteuer in Niedersachsens Metropole. Und so begann ich mit Udo Iwannek eine zuweilen wirklich abenteuerliche Reise unter und über die Dächer dieser Stadt.

Also unter die Dächer! Hannover ist in dieser Hinsicht keine leichte Stadt, genaugenommen, eignet sie sich besonders schlecht für dieses Thema, denn sie hat ‚dachmäßig' nicht mehr viel an Geschichte zu bieten. Fast 90 Prozent der Stadt wurden während und nach dem Krieg ihrer ursprünglichen Dächer beraubt, es folgten die Jahre der ‚Sanierungen' und nicht zuletzt haben diverse feuerpolizeiliche Verordnungen die meisten Dachböden ihrer vergessenen Schätze beraubt.

Unser Titel **Unter Hannovers Dächern** (siehe auch die feine typografische Differenzierung im Buchtitel) ist weit gespannt: von den Scheddächern großer Industrieanlagen bis zum Flachdach einer Moschee, dem Vordach einer Imbißbude, den Baumdächern der Herrenhäuser Gärten oder dem gewaltigen Dachstuhl der Marktkirche. Was lagert unter dem Staub vergessener Dachböden? Können sie uns noch Geschichten erzählen? Natürlich darf der Blick über die Dächer, aus der Vogelperspektive, nicht fehlen. Denn auch die Stadtsilhouette offenbart viel über den Charakter einer Stadt. Dächer sind gebaute Geschichte, sie spiegeln die Strömungen ihrer Zeit wider.

Unsere Stadt besteht nicht nur aus Rathaus, Georgstraße und Maschsee. So ist es auch nicht Absicht unseres Bildbandes, eine umfassende Sammlung von Hannovers offiziellen Sehenswürdigkeiten zu liefern. Im Gegenteil, einige ‚wichtige' Gebäude und Persönlichkeiten fehlen ganz einfach und machen ‚unbedeutenden' und ‚normalen' Platz.

Die Annäherung an Hannover über die Dächer erklärt sich sicher auch aus meinem (mittlerweile an den Nagel gehängten) Architektenberuf, das Interesse für besondere Räume und Konstruktionen. Unser Ziel war allerdings keine architektonische Sammlung unterschiedlicher Dachkonstruktionen, sondern der Versuch eines Stadtmosaiks. Bei unserer Spurensuche ist das Dach nur der rote Faden, der den Leser und Betrachter durch Geschichte und Gegenwart führt, ein Spiegel der sozialen Facetten dieser Stadt. Wir wollen Hannover einfach mal über und unter die Dächer, unter die Haut schauen – hautnah. Wer arbeitet, regiert, wohnt, lebt wo und wie unter Hannovers Dächern?

Udo Iwanneks Text ist genauso wenig Bilderläuterung zu meinen Fotografien, wie meine Bilder nur der Illustration seines Textes dienen sollen. Sowohl Text als auch Bilder stehen sich eigenständig gegenüber, mit eigenen Schwerpunkten und Lieblingen. Während ich mit meiner Kamera versucht habe, den Status quo festzuhalten, konnte Udo in seinem Essay über unsere Dächer tief in der Geschichtskiste kramen und so manches Interessante und Neue herausziehen. Denn es galt auch eine Dachwelt aufzuspüren, die es längst nicht mehr gibt. Sein fundiertes und unterhaltsames Plädoyer für die Wiederbelebung der Dächer fördert nicht nur das Verstehen dieser Stadt, ihrer Geschichte, und dem, was davon übriggeblieben ist. Sein Essay möchte auch die Erinnerung an jene verhängnisvollen Jahre wachhalten, als Hannover ‚obdachlos' wurde. Denn man kann nur von dem lernen, was man nicht vergißt.

Unsere Arbeit begann 1988 zuerst einmal im Kopf. Lange Listen von möglichen Objekten wurden geschrieben, diskutiert, die Gebäude besichtigt. Renée Wasmund-Rüb, die unsere Arbeit koordinierte, mußte schon im Vorfeld unzählige Telefongespräche führen, um Fototermine vorzubereiten. Und acht engbeschriebene Schreibmaschinenseiten mit Namen und Telefonnummern waren schließlich nötig, um dieses Buch zu realisieren.

Nach über eineinhalb Jahren Arbeit ist nun ein hoffentlich lebendiges Mosaik unserer Stadt entstanden – mit einer Vielzahl von Bildern, die wohl auch eingefleischte Hannoveraner nicht kennen und nie kennenlernen werden können. Denn das Privileg, von einer Reparaturgondel zum höchsten Punkt der Stadt gezogen zu werden, haben neben denen, die dort arbeiten (müssen), nur ein paar interessierte Journalisten. Das gleiche gilt für die Klettertour zwischen den Dachhäuten der Stadthalle, den Wärtergang im Urwaldhaus oder den desolaten Werkshallen des Umweltgangsters Kertess.

Andere Bilder sind wiederum Teil unseres Alltags und ich hoffe, ich kann mit meinen Bildern auch den Blick für das Gewöhnliche, Unscheinbare um uns herum ein wenig schärfen helfen.

Karl Johaentges September 1989

Ein absonderlicher Ort

„Hannover ist für mich ein anderes Wort für naßkalt", notierte sarkastisch der Lyriker Karl Krolow, 1915 an der Leine geboren und unter einem Dach in der Südstadt aufgewachsen. In unseren Breiten, wo der Himmel seine Blöße zumeist mit Regenwolken bedeckt, spielt sich der größte Teil des Lebens unter Dächern ab. Wenn der zu kurze Sommer vorbei ist und die Kaltfronten von Island her über die Norddeutsche Tiefebene ziehen, faltet seinen Schirm auf, wer hinaus muß, und eilt unter diesem kleinen Notdach wieder zurück ins Trockene.

Kein Wunder, daß hierzulande schon Dächer existierten, als es noch keine Häuser gab. Unsere Vorfahren spannten Wetterschirme, Stangenzelte oder eine geflochtene Matte als Regenschutz über die Gruben, in denen sie hausten. Erst fertigte man das wichtigste, das Dach dann hob man es mit Stützen an, bis man darunter stehen konnte: so entstanden die ältesten Häuser. Unsere Urahnen bauten ganz anders als wir heute, nämlich von oben nach unten. Später wurde das Stützwerk – das *Fach* – mit Lehm oder Reisig, dann auch mit Bruch- oder Ziegelsteinen ausgefüllt, bis dichte Wände den Raum abschlossen.

„Die Brust ist des Herzens Dach", dichtete Wolfram von Eschenbach. Schon immer war die Assoziation zwischen der Hülle des Körpers und der des Hauses naheliegend. Das Dach symbolisiert als ein besonders exponierter Teil des Hauses auch geheime Vorstellungen in uns, weckt noch heute unsere Phantasie. Verborgene Wünsche und Ängste liegen dort oben besonders eng zusammen. Unbekannte Schätze warten am Ende der Stiege genauso auf uns wie lichtscheue Spukgestalten, Geheimnisse im Gerümpel ebenso wie verwunschene Träume. Mondsüchtige zieht es nachts schlafwandelnd auf den Dachfirst. Auch die Katzen, diese undurchschaubaren ‚Hexenwesen', lieben es, über unseren Köpfen herumzustreifen, wenn alles schläft. Und den Gruselautoren scheint auf Dachböden ihr Stoff nie auszugehen.

Wurde der konstruktiv bedingte Dachraum im Bauernhaus als Heuschober genutzt, diente er im Handelshaus der mittelalterlichen Städte noch als Speicher, so hatte der Dachboden im Bürgerhaus des 18. Jahrhunderts seine nützlichen Funktionen verloren. Was auf der unteren Etage im Weg stand und weggeräumt wurde, weil es bei der Repräsentation der bürgerlichen Wohlanständigkeit störte, kam auf den Dachboden, der so zur Rumpelkammer degenerierte. Dies macht ihn zu einem *absonderlichen Ort*.

Das Bedürfnis nach Freiheit von der familiären Enge hat unter dem Dach seinen Platz. Während das Haus Schauplatz der familiären Erziehung wird, wo Individualität geformt und Realitätstüchtigkeit geprobt wird, gerät der Dachboden zum Fluchtpunkt aus den Konflikten, die dabei entstehen. „Dort wird nicht erzogen, dort ist nicht mütterlicher Schutz und nicht väterliche Ordnung", schreibt Margret Rothe-Buddensieg in einer Untersuchung über den Dachboden in der deutschen Prosaliteratur. All das, was an Phantasien und Wünschen im Laufe der Erziehung ausgegrenzt und weggesperrt werden muß, findet sich dort oben wieder, wie das Gerümpel, das die Familie aus ihrem Alltag geräumt hat.

Dieser absonderliche Ort verspricht nicht nur Abgeschiedenheit von der Welt, sondern symbolisiert auch den Verstand, das *Oberstübchen*. Der Dachstuhl zeigt ohne verstellende Dekoration die Konstruktion des Architekten. Sturm und Regen, die Naturgewalten, sind dort oben viel direkter zu hören und zu spüren als in den unteren Etagen. Hier kann sich der *arme Poet* des Malers Carl Spitzweg ungehindert von den Zwängen der Realität künstlerisch entfalten (und erkälten).

Seit den ersten Siedlungen der Frühgeschichte leben Menschen unter Dächern. In ihrer mehrtausendjährigen Geschichte haben sich Vorstellungen vom Dach und die Erfahrung des Lebens unter ihm im kollektiven Gedächtnis unserer Gesellschaft tief verwurzelt. Kondensiert und aufbewahrt sind sie in Sprichwörtern, deren Sinn im modernen Leben oft verlorengegangen ist.

Die Dächer, unter denen die Menschen damals lebten, bedeuteten ihnen mehr als nur einen Wetterschutz. Der Lebensraum der Gemeinschaft, die da *unter einem Dach* lebte, ihre eigenen vier Wände, wurden durch den Hausfrieden von der damaligen Rechtsordnung besonders geschützt. Das Dach umschloß diesen Bereich, war die Grenze zwischen drinnen und draußen, privat und öffentlich.

Ohne Erlaubnis des Hausherrn durfte niemand in diese Innenwelt eindringen, auch Obrigkeit und Gericht hatten nicht das Recht dazu. „Jeglichem Bürger sein Haus seine Feste sei...", garantierte das mittelalterliche Stadtrecht. Rechtsbrecher, denen Strafe drohte, wurden vom Gericht für friedlos erklärt. Niemand durfte sie mehr beherbergen, kein Dach sie mehr schützen, bis sie für ihre Tat belangt waren. Um bei der Verfolgung trotzdem das Hausrecht nicht zu verletzen, stiegen die Gerichtsdiener dem Missetäter buchstäblich *aufs Dach* und deckten einen Teil des Strohs oder der Ziegel ab. Erst wenn der Himmel ins Haus blickte, war der Ausgestoßene auch innerhalb seiner Mauern vogelfrei. Auch die eroberten Burgen von Raubrittern zerstörte man, indem das Dach geöffnet wurde – Regen und Schnee besorgten dann schnell den Rest. Gläubiger durften einen Dachziegel als Pfand mitnehmen: offenbar eine symbolische Drohung, das Haus unbrauchbar zu machen, wenn die Schuld nicht fristgerecht beglichen wurde, und zugleich ein für jedermann sichtbares Zeichen, unter welchen Dächern Hausherrn lebten, die sich etwas geborgt hatten.

Denn was auf dem Dach geschah und nicht darunter, geschah öffentlich: *Die Spatzen pfiffen es von den Dächern.* Giebelzeichen und Wetterfahnen zeigten Herkunft und Stand des Hausherrn an. Am Firstbalken, der die ganze Konstruktion über dem Haus trug, durften ertappte Diebe erhängt werden. In unserer Vorstellung hängt dort der klassische Selbstmörder am selbstgeknüpften Seil, so als schäme er sich seiner Tat und vollziehe sie in der Verborgenheit des Dachbodens. Selbstmörder – gleich, auf welche Art sie sich umgebracht hatten – mußten im Mittelalter durch eine Dachluke aus dem Haus geschafft werden, sonst gingen sie dort als Spukgespenst für alle Zeiten um. Bei wichtigen Gerichtsurteilen wurden die Dachluken zum Zeichen der Öffentlichkeit während der Verhandlung aufgeklappt.

Eine weitere Verbindung zwischen drinnen und draußen, über und unter dem Dach, stellte der Schornstein her, in Hannovers Häusern schon im 15. Jahrhundert üblich. Um ihn rankte sich deshalb besonderer Aberglauben der Menschen. Hexen fuhren zur Walpurgisnacht auf ihrem Besen zum Kamin hinaus in Richtung Blocksberg. Noch heute glauben die Kinder in angelsächsischen Ländern, der Weihnachtsmann steige mit seinen Geschenken durch den Schornstein ins Haus hinab.

Auch der Dachrand, der über die Hausmauer hinausragte – die Traufe – bildete einen besonderen Zwitterbereich. Wanderburschen durften dort auf der Bank vor der Tür übernachten, zwar im Trockenen, doch in der Kälte. Wer also *vom Regen in die Traufe* kam, war weder drinnen noch draußen – wenn er Pech hatte, verpaßte ihm das vom Dach ablaufende Wasser eine Extradusche, und er war ärger dran als zuvor. Auch totgeborene oder noch vor der Taufe gestorbene Kinder wurden hier beigesetzt.

Unter den strohgedeckten Dächern der mittelalterlichen Holzhäuser war die Angst vor dem Feuer zu Hause. Denn in ihren Dachspeichern bewahrten die Bewohner kostbares Handelsgut und Vorräte für den Winter auf. Der *rote Hahn,* den die aufrührerischen Bauern ihren Feudalherren aufs Dach setzen wollten, war ursprünglich ein Wetterhahn, der als Abwehrzeichen gefährliche Gewitter fernhalten sollte. Er stellte das Symboltier des römischen Kriegsgottes Mars, des Herrn des Lichts, dar. Ein moosbewachsenes Dach war schwerer zu entzünden und verriet einen reichen Eigentümer, dessen Haus lange stand – jemanden also, der *Moos* hatte.

Eine ebenso simple wie wirksame Art der Wärmedämmung gab es in den Bauernhäusern jener Zeit. Unter ihren Dächern gelagertes Torf oder Stroh blieb dort oben trocken und wurde allmählich als Brennmaterial verfeuert. Erst wenn der Frühling kam, war diese Dachisolierung aufgebraucht. Gleichzeitig vertrieb der aufsteigende Rauch des Herdfeuers – gemauerte Kaminzüge gab es in den Dörfern noch nicht – das Ungeziefer aus dem Stroh unter dem Dach.

Vorkriegspanorama vom Neuen Rathaus über den Friedrichswall auf die noch unzerstörte Altstadt

Und nachts sah man...

Das erste Dach meines Lebens verbarg einen Trockenboden über einem dreistöckigen Sozialbau der fünfziger Jahre in Oberricklingen. Zugegeben, kein sehr poetischer Ort. Wie alle Hausfrauen unseres Viertels schleppte meine Mutter ihren Weidenkorb aus der Waschküche im Keller die Treppe hinauf unter das Dach. Dort hing der Beutel voller Wäscheklammern und das alte Küchenhandtuch, mit dem die Leine zuvor entstaubt wurde, zwischen frisch gewaschenen Handtüchern, Oberhemden und Bettlaken in Reih und Glied. Vergilbte Kalender, mit Reißzwecken an das Holz des Dachstuhls gepinnt, wiesen jedem Bewohner seine Trokkenzeiten zu – Übergriffe auf fremdes Leinengut konnten wahre Familienkriege auslösen. Je schmaler die Wohnungen, je knapper das Plätzchen am Ende der Stiege, desto strenger mußte eine unerbittliche Hausordnung für den Frieden unter dem Dach sorgen. *Kellerwoche, Treppenhaus, Boden fegen!* appellierte der Putzplan an die Reinlichkeit.

Mit ihren Wischtüchern und Feudeln schrubbten die Menschen in unserer Straße, wo die Arbeiter von Telefunken, VAG-Leichtmetall und der Hanomag lebten, gegen die Angst vor dem sozialen Abstieg an. Nur eine Häuserreihe weiter befand sich ein Viertel von ‚Schlichtwohnungen': niedrige Baraken mit flachen Dächern, unter denen sich die Stiefkinder des Wirtschaftswunders versteckten. Der Weg dort hinüber war nicht weit. Und um so schärfer mußte mit Sauberkeit, Ordnung und Arbeit die Grenze zwischen *uns* und *denen* gezogen werden.

Während meine Mutter die Wäsche aufspannte, versuchte ich mit einem Klimmzug die Blechluke zu erreichen, um einmal hinauszuschauen. Von dort oben sah alles fern aus und doch vertraut wie eine Puppenstadt. Am Horizont gab es sogar Berge zu entdecken – hinter Kleingärten und Fabrikschloten. Und nachts sah man die Milchstraße. Wenn es nicht regnete.

Nicht der Fernsehturm, nicht die Kuppel des Neuen Rathauses, auch nicht das Hochhaus der Stadtwerke im Ihmezentrum – die höchste Aussicht über Hannovers Dächer bieten heute die Schornsteine des Heizkraftwerkes Linden am Küchengarten. Allerdings, mit Treppensteigen allein kommt dort keiner hinauf. Der Aufstieg zum höchsten Punkt der Stadt ist nur möglich, wenn die hohen, silbern glänzenden Schlote des Wärmekraftwerks alle paar Jahre gereinigt werden.

Die *drei warmen Brüder*, wie der Volksmund das Ensemble des seit 1985 schrittweise von Kohle auf Gas umgestellten Wärmekraftwerkes nennt, bekamen ihre hohen Schlote erst aufgesetzt, als gegenüber in den 70er Jahren das Ihmezentrum entstand und die Abgase den Neubaubewohnern nicht durch die Fensterritzen ziehen sollten. Durch den Aufsatz auf eine Höhe von rund 129 Meter gebracht, bedeutet das Hannovers absolute Spitze. Und weil die Schornsteine nicht nur qualmen, sondern auch glänzen sollen, werden sie regelmäßig vom Ruß gereinigt – von einer Spezialfirma mit schwindelfreien Schornsteinputzern, die mit Putzlappen, Schwamm, Spezialtinktur und Schleifgerät

Schornsteinreiniger, Heizkraftwerk Linden

den Rußflecken am Kamin zu Leibe rücken. „Gestern war die Sicht besser, da haben wir drüben den Brocken im Harz gesehen", meint der Chef der Reinigungskolonne, für den die Fernsicht zum Alltag gehört.

Drahtseile führen bis zur Spitze des Schornsteins hinauf und in dessen Innerem wieder hinunter zu einer Winde. Sie ziehen eine Ringplattform um den runden Kamin nach oben – allerdings nur bis maximal Windstärke Fünf, sonst schwanken die Schlote zu stark. Doch auch bei Windstille muß schwindelfrei sein, wer sich auf und über den Dächern bewegen will. Wer es nicht ist – wie ich – den packt hier oben eine Angst, die ihn die Augen schließen und sich an einen festen Halt klammern läßt. Zurück auf der sicheren Erde, kann man über diese scheinbare Urangst spekulieren wie die Psychologen, die damit schon ganze Bücherregale gefüllt haben. Vielleicht ist es der Kinderwunsch, größer und höher zu sein als alle anderen, ja sogar fliegen zu können, der später verboten, verdrängt und in Angst verwandelt wurde. Denn kleinen Kindern ist die Furcht vor der Höhe noch unbekannt – sie lieben es, von hier oben der Welt auf den Kopf spucken zu können.

Aus der Vogelperspektive enthüllt Hannover ein Gesicht, das neben den Männern auf der Spitze des Heizkraftwerkes nur Dachdecker und Schornsteinfeger, Fernmeldetechniker auf dem Fernsehturm oder Piloten im Anflug auf Langenhagen kennen. Zu Füßen der ‚drei warmen Brüder' breitet sich die Dachlandschaft des alten Arbeiterstadtteils Linden aus. Das Flickwerk der Ziegel zeigt im warmen Spätsommerlicht alle Rot- und Brauntöne eines Herbstwaldes. Gemustert von zahllosen Kaminen und Giebeln drängen sich beiderseits der engen Limmerstraße die Firste. Kein Dach scheint an das nächste zu passen, und doch gehören sie alle hierher, gewachsen, nicht gestanzt – eine Gemeinschaft ohne Gleichform.

Nur das Ihme-Zentrum unterbricht störend den Blick hinüber zur City. Ein Produkt der Boomphase in den 70er Jahren, mit dem heute keiner mehr etwas zu tun haben möchte. „Wer immer konnte, hat sich am Ende der Expansionsphase von den Phänomenen der Zeit distanziert und sich aus der Verantwortung abgeseilt", schreibt Stadtbaurat Hanns Adrian, in dessen Ära das umstrittene Center zwischen Linden und Hannovers City entstand. Er wohnt selbst im Ihmezentrum und ist wohl einer der wenigen verantwortlichen Bauplaner, die in den Wohnburgen der 60er und 70er Jahre leben. Dabei hält er sich allerdings frei an einen Wahlspruch des Dichters Guy de Maupassant, der um die Jahrhundertwende täglich ins Restaurant des Eiffelturms zum Essen ging: „Dies ist der einzige Ort in Paris, von dem aus man dieses schreckliche Ding nicht sehen kann."

Aber mit Paris können wir ohnehin nicht konkurrieren. Hannover liegt an der Leine und nicht an der Seine. Der Lindener Berg ist kein Montmartre und die Martinskirche nicht Sacré Coeur. Jene wild wuchernde Geometrie der Mansarddachreihen, die Paris das unverwechselbare Gesicht geben, kann der Blick von dem kleinen Kirchturm am Park des Grafen von Alten nicht bieten. Hannovers alte Dächer hat der Krieg zerstört, Provisorien der Aufbauzeit, Stillosigkeiten des Wirt-

Sonntags auf der Waterloo-Säule

schaftswunders und der Modernisierungsschub der siebziger Jahre haben der Leinestadt neue Dächer verpaßt, die sich zu keiner Einheit mehr fügen.

Am nächsten kommen der Seinemetropole die Gründerzeitblöcke am anderen Ende der Stadt, in Oststadt und List – ein gutes Stück von Linden entfernt, doch mit ähnlichem Gesicht. Dazwischen liegt die Innenstadt, und wie schlecht hier die Brandwunden des Krieges verheilt sind, zeigt vor allem der Blick von oben.

Die flachen, schmucklosen Nachkriegsbauten, Anfang der fünfziger Jahre zum neuen Einkaufszentrum rings um Kröpcke und Steintor gruppiert, werden überragt von sterilen Hochhäusern, die in den siebziger Jahren entstanden. In Hannovers Mitte, dem Schnittpunkt der alten Hauptverkehrsstraßen, thront das Kröpcke-Center wie eine Zwingburg aus braunem Waschbeton, umgeben von den Niederlassungen der Warenhaus-Konzerne.

Dächer im traditionellen Sinn sieht man hier nicht mehr. Große, plane Deckel versiegeln die Gebäude und halten den Regen ab. Oben hocken die Motoren der Fahrstühle und die Kühlaggregate der Klimaanlagen. Weder weltstädtische Skyline noch romantische Silhouette – Hannovers City-Bauten bieten aus der Luft betrachtet oder von weitem gesehen keine Orientierung, sondern ragen wie Stümpfe in den Himmel. Nur wenige Bauten zeigen trotz der Aufbauhast der Nachkriegszeit die Kreativität ihrer Architekten: etwa das Magis-Haus von 1952, das wie ein Schiffsbug in die Straßenecke zum Kröpcke hineinragt und sein Flachdach mit elegantem Schwung um den länglichen Fahrstuhlturm legt. Doch solche baulichen Finessen sind die Ausnahme. Eigenartig unfertig, vorläufig und improvisiert wirkt die Innenstadt aus der Vogelperspektive noch heute – sie gleicht einem hohlen Zahn – ein schmerzlicher Anblick.

Kuppelei im Häusermeer

Vier besondere Kuppeldächer fallen mit ihrem leuchtenden Grünspan der Kupferdeckung dem Betrachter im Häusermeer der Leinestadt auf: das Neue Rathaus, das Anzeiger-Hochhaus, die Clemenskirche und die Stadthalle. Vor dem 9. November 1938 leuchtete auch noch das Kupferdach der jüdischen Synagoge. Sie fiel dem Naziterror der Reichskristallnacht zum Opfer. Und mit ihr 94 geplünderte jüdische Geschäfte und 27 überfallene Häuser. Die Täter saßen damals im Rathaus.

Das Neue Rathaus ist ein wahres Meisterwerk der Fassade. Nicht nur, weil es mit zwei gleichwertigen Schokoladenseiten zu glänzen versucht, auch die mächtige Kuppel ist mehr Schein als Sein. Obwohl sie bei ihrer Einweihung 1913 selbst den Berliner Reichstag überragen sollte, ist sie nutzlos hohl. Sie überwölbt in ihrer Masse keinen Rathaussaal, sondern nur einen ungenutzten Luftraum über der Treppenhalle. Stadtdirektor Heinrich Tramm, der vor dem Ersten Weltkrieg dem damals reichen Hannover zahlreiche Monumentalbauten verpaßte, wollte nicht einfach ein Verwaltungsgebäude. In der sumpfigen Masch auf dem Buchenpfahlrost sollte der fürstlichen Baukunst ein bürgerlicher Palast entgegengesetzt werden.

Um die Kuppel des Rathauses, durch die sich heute der berühmte schräge Fahrstuhl windet, war schon bei der Planung des Baus ein heftiger kommunalpolitischer Streit entbrannt. Nicht wenige Bürger wünschten sich lieber einen Turm mit einer Uhr – so habe ein deutsches Rathaus nun einmal auszusehen. Auch Hermann Löns, der damals unter dem Pseudonym ‚Fritz von der Leine' bissige Glossen im *Hannoverschen Anzeiger* verfaßte, mischte sich in die Debatte, wetterte gegen die *Baukuppelei* und gab seine Meinung über die neuen Dächer kund, die Hannover in den Gründerjahren verpaßt bekommen hatte. „Platte, orientalische Dächer, wie man sie heute baut, sah man nicht," erinnert sich Löns 1898 der alten Zeiten, die offenbar schon damals als die besseren galten, „sondern spitze, hohe Giebel, dem Klima angemessen, von denen der Schnee herunterrutschen kann." Hätten früher Italiener die Baumeister gestellt, so seien es heute offenbar Türken, giftete Löns beim Blick von Hannovers Marktkirche: „Mir war, als schaute ich vom hohen Minarett auf Konstantinopels Moscheen herab, Kuppel an Kuppel, große und kleine, auf dem Rathause und auf dem Museum, auf dem neuen Schlachthofe und auf dem neuen Bahnhofe, auf den Depots der elektrischen Bahn, auf dem Leinewasserwerk, auf den Gymnasien und Bürgerschulen, auf dem Polizeipräsidium, überall Kuppeln, von Halbmonden geziert."

Von dieser Dachmode der Jahrhundertwende, über die sich der heimattreue Löns so beklagte, ist heute nur wenig geblieben. Aus derselben Zeit wie das Rathaus stammt auch die Stadthalle. Ihre grüne Kuppel verbirgt eine Besonderheit, die nur wenige kennen: zwar keine sieben, aber immerhin vier Zwiebelschalen als Dachhäute finden sich dort übereinander. Denn unter dem grün angelaufenen Kupferdach des Kuppelsaales hockt eine zweite, kleinere Kuppel, gedeckt mit gewelltem Aluminium, die man wie einen Felsen erklettern kann. Nach einem mühseligen Aufstieg über die staubgefütterten Rillen

Hannover - Vorkriegsidylle aus der Vogelperspektive

des Leichtmetalls steht man oben auf einer flachen, runden Plattform wie auf einem abgeschnittenen Zuckerhut, nur noch wenige Meter unter dem Glastürmchen, das die äußere Halbkugel krönt.

Bei der Einweihungsfeier der Stadthalle am 10. Juni 1914 blickten die 3500 Gäste im Saal 42,5 Meter hoch zur Kuppel mit ihrem Oberlicht und der weißen Kassettendecke. Unter der Kuppel erklang bei der Einweihung der Hochruf auf den abwesenden Kaiser Wilhelm II., dort wurde auch begeistert „Sieg Heil" gebrüllt, als die Nationalsozialisten fast auf den Tag genau zehn Jahre vor Kriegsbeginn eine Propagandaveranstaltung abhielten und Adolf Hitler in der Stadthalle gegen Weltjudentum und Bolschewismus hetzte. „In zwanzig Jahren werdet ihr Deutschland nicht mehr wiedererkennen", prophezeite der Führer seinem Volk. Er behielt recht: schon fünfzehn Jahre später erkannten die Hannoveraner ihre Stadthalle kaum wieder. Die 142 Meter lange Ausstellungshalle im Westen des zentralen Kuppelsaals war fast völlig zerstört, die wertvollen Freskomalereien in den Gesellschaftsräumen verbrannt.

Seitdem kann niemand mehr die imposante Höhe des Saales – dem Pantheon in Rom nachempfunden – bewundern. Aus akustischen Gründen wurde in den sechziger Jahren die zweite, innere tragende Kuppel eingezogen, die nun den Blick hinauf verstellt. Sie hält unter sich den Holzbaldachin mit Akustikdecke, den die Besucher des großen Saales sehen, wenn sie auf dem Parkettfußboden stehen und zur Decke blicken. Wer bis zur Spitze sehen möchte, muß unter das jetzt verborgene Dach klettern.

Doch nur selten scheint ein Neugieriger den obersten Knopf des Fahrstuhls zu drükken, um hier oben staubige Hosen zu riskieren. Rings unter dem rostroten Stahlgerüst des Dachstuhls lagert das Sperrgut des Showgeschäfts. Ein museumsreifer Lichtbogen-Scheinwerfer, groß wie ein Flakgeschütz, wartet vergeblich auf seinen Einsatz, die bunten Regler an der Seite versprechen einen künstlichen Regenbogen. In Stapelreihen stehen Ersatztische für die feierlichen Galadiners bereit, und in der Ecke hockt ein überlebensgroßer *Ballerkalle* aus Pappmaché mit dem Gesicht zur Wand, als schäme sich die uniformierte Symbolfigur des Schützenfestes hier oben für ihre Albernheit. Unten im Saal probt das Fernsehballett Tanzschritte zur immergleichen Musik. TV-Shows, Variete-Revuen, hin und wieder Rockkonzerte oder ein Gesellschaftsball im Herbst locken heute die Hannoveraner unter die Stadthallen-Kuppel. Nach dem Zweiten Weltkrieg wurden dort nicht Polka und Polonaise getanzt, sondern die Weichen für den Wiederaufbau gestellt: von 1947 bis 1962 fand der Niedersächsische Landtag hier sein erstes Notquartier, bevor er den Neubau am Leineschloß beziehen konnte.

Die Clemenskirche erhielt ihre Kupferhaube erst während des Wiederaufbaus nach dem Krieg. Ursprünglich war Hannovers wichtigste katholische Kirche nach der Reformation nur von einem notdürftigen Tonnendach bedeckt. Dem Bauherrn Agostino Steffani, apostolischer Vikar in Hanno-

Zwischen den Dachkuppeln der Stadthalle

ver, war 1718 während des Baus der nach venezianischem Vorbild im Renaissance- und Barockstil entworfenen Kirche schließlich das Geld ausgegangen, obwohl Papst Clemens XI. ständig neue Bettelbriefe an Kardinäle und Fürsten abschickte. Trotz ihres Notdaches erhielt die Kirche den Namen des Papstes und dessen Segen.

Die vierte Kuppel im Bunde krönt ein Wahrzeichen Hannovers, wirklich unverwechselbar und eine architektonische Perle: das Anzeiger-Hochhaus. 1928 entstand der Kuppelbau an der Goseriede. Der hannoversche Zeitungsverleger August Madsack, damals Besitzer des *Hannoverschen Anzeigers*, hatte das erste Hochhaus an der Leine von dem Hamburger Architekten Fritz Höger entwerfen lassen. Höger, inspiriert von den neuen Stilrichtungen des Bauhauses und des Expressionismus, hatte bereits in seiner Heimatstadt an der Elbe mit dem Chilehaus ein modernes Hochhaus geschaffen (in dem heute übrigens der Springerverlag residiert). In Hannover gelang Höger mit dem Madsack-Haus ein eigenständiger Bau, indem er die norddeutsche Klinkertradition ohne kitschige Heimattümelei für einen klar gegliederten modernen Bau nutzte, den er mit witzigen Details gestaltete. Die Arkaden im Erdgeschoß scheinen das Haus anzuheben, als wäre es schwerelos, und die geometrischen Klinkermuster prägen die Fassade (hinter der sich ein Stahlskelettbau versteckt), schnörkellos wie die Satzlettern einer Zeitungsspalte.

Während in den ersten beiden Stockwerken des Hauses die Redaktion arbeitete, wurde die Zeitung vor dem zweiten Weltkrieg in dem dreigeschossigen Betriebsgebäude dahinter gesetzt und gedruckt. Ganz oben, 52 Meter über der City, richtete Madsack ein Planetarium mit Vortragssaal für 300 Besucher ein. „Das Planetarium über den Dächern der Stadt, dem Himmel nahe, ist an sich gewiß schon ein glücklicher, wenn man so will, in dieser prosaischen Zeit ein poetischer Gedanke“, heißt es in der Festschrift zur Einweihung 1928. Die prosaische Zeit: das war die Wirtschaftskrise mit Inflation und Arbeitslosigkeit, unter der auch Hannover in diesem Jahr am schwersten litt.

Unter der Kuppel wurde aber nicht nur hannoversche Zeitungsgeschichte geschrieben. Der Hannoveraner Rudolf Augstein gründete dort im November 1946 die Zeitschrift *Die Woche*, aus der sechs Wochen später das Nachrichtenmagazin *Der Spiegel* wurde. Erst später verließen Augstein und seine Mannschaft den sechsten Stock des Anzeiger-Hochhauses und zogen nach Hamburg um. Und im 2. Stock wurde die *Abendpost* von Henri Nannen und einigen Mitstreitern gemacht, bis sie 1949 Konkurs anmelden mußten und Nannen – ebenfalls noch in Hannover – den *Stern* ins Leben rief.

Hier wurde auch Stadtgeschichte von unten gemacht. 1968 versuchten dort aufgebrachte Studenten die Auslieferung der *Bildzeitung* zu verhindern, nachdem ein von der Boulevardpresse verhetzter Amokschütze den Studentenführer Rudi Dutschke in Berlin niedergeschossen hatte. 1969 blokkierten Hannoveraner auf dem Kreisel vor der Goseriede die Straßenbahnen und initi-

Stadtsilhouette – vom Lindener Berg gesehen

ierten mit ihren *Roter Punkt*-Aktionen den ersten erfolgreichen Bürgerprotest der Nachkriegszeit an der Leine.

1974 zogen Redaktion und Druckerei der *Hannoverschen Allgemeinen Zeitung* aus dem Anzeiger-Hochhaus nach Bemerode um in einen Neubau. Heute sind es vor allem die elektronischen Medien, in denen sich der Madsack-Verlag engagiert, die unter der Hochhauskuppel ihren Platz haben. Nun soll der Höger-Bau zu einem *Medienzentrum* aufgerüstet werden. Die Fernsehproduktionsfirma *TVN* hat dort ihre millionenteuren Studios eingerichtet, der Privatsender *SAT 1* unterhält hier Redaktionsräume für seine Regionalsendung. Ganz oben jedoch, direkt unter der grünen Haube, wird heute das Bedürfnis nach Unterhaltung befriedigt. Das höchstgelegene Kino Deutschlands, ein Juwel im Leinwand-Imperium des hannoverschen Filmunternehmers Hans-Joachim Flebbe, lockt jeden Abend Hunderte von Zuschauern in den Aufzug des Hochhauses.

Wer noch eine Etage höher als die Lichtspielbesucher hinaufschaut, wird enttäuscht. Über eine schmale Eisenleiter in einem Abstellraum hinter den Sesselreihen kann man zwar bis unter die Kuppeldecke gelangen, doch bis auf wieder einmal staubige Hosen hinterläßt der Blick unter dieses Dach keine bleibenden Eindrücke. Die Akkustikdecke des Kinos hängt an Hunderten von Stahldrähten. Dazwischen herumzuklettern verbietet sich bei dieser Konstruktion – der Dachbesucher könnte durch die dünne Gipsdecke brechen und fände sich im Kinosessel wieder.

In Harburg war Endstation

Mit seinen Kuppeln, diesen grünen Inseln im ziegelroten Häusermeer, wollte Hannover sich wie mit kostbaren und exotischen Perlen schmücken und seinen Ruf als graue Maus unter Deutschlands Städten abstreifen. Versuche der Leinemetropole, den Makel als Hauptstadt der Mittelmäßigkeit abzulegen, hat es in der Stadtgeschichte immer wieder gegeben. Einen der gelungensten Versuche zur Imagepflege unternahm der damalige Oberstadtdirektor Martin Neuffer 1970, als er das damals noch aufregend neue Altstadtfest aus der Taufe hob und mit der umstrittenen Straßenkunst für bundesweite Schlagzeilen sorgte. Aber ein Etikett, das der Stadt schon seit dem Mittelalter anhängt, ist nicht so einfach abzukratzen. „Das beste an Hannover sind seine Durchgangsstraßen, auf denen man die Stadt schnell wieder hinter sich lassen kann", spotten die Auswärtigen.

Das hat Tradition. Schon der isländische Abt Nikolaus empfahl die Hannoverburg (Hanobruinborger) nur am Rande als Rastpunkt auf der Reise von Stade zur mächtigen Bischofsstadt Hildesheim. Und als Hannover 1843 einen Bahnhof erhielt, da waren die Hannoveraner nicht gerade begeistert. Denn ihr Bahnhof war kein Kopfbahnhof, sondern ein Durchfahrtsbahnhof. Kopfbahnhöfe – heute eher Alptraum eines jeden Bahnverkehrsplaners – waren damals eine Auszeichnung für eine Stadt, die dadurch als wichtiger Zielpunkt aufgewertet wurde. Durchgangsbahnhöfe dagegen galten als Zeichen der Mittelmäßigkeit einer Bahnstation. Das hat sich bis heute nicht geändert. Die meisten Bundesbürger kennen Hannover nur als Umsteigebahnhof. Hannover ist der Bahnhof mit den meisten IC-Zügen der Bundesrepublik – wichtiger Bahnknotenpunkt, aber eben nur Umsteigebahnhof.

Das riesige Ausbesserungswerk in Leinhausen und das Betriebswerk an der Stadtstraße demonstrieren ebenfalls Hannovers Rolle als Knotenpunkt. Eingeklemmt zwischen der ältesten Gleisstrecke nach Lehrte im Westen und den südlich abzweigenden Schienen Richtung Göttingen und Kassel liegt ein Hotel für 150 Lokomotiven. Zwischen den Abstellgleisen ölgeschwärzte Gruben, in denen die Loks von unten inspiziert werden können. Nur unter dem Holzdach der Lokschuppen erinnert ein wenig Ruß an die Dampfloks von einst.

Vom Schienenverkehr hielt Landesvater Ernst August, unter dessen Regentschaft Mitte des letzten Jahrhunderts die ersten Loks in Hannover einfuhren, nicht viel. Es ist eher eine Ironie der Geschichte, daß sein Reiterbild ausgerechnet vor dem Bahnhof steht, auf dessen Sockel *Dem Landesvater sein treues Volk* mit typisch hannoverschem Genitiv die Ehre erweist.

Für Ernst August war die Eisenbahn gefährliches Teufelswerk. Ihn grauste bei der Vorstellung, jedermann könne künftig in Deutschland nach Belieben hin und her reisen. Plötzlich würde sich seine Untertanenschaft von einer frommen Schafherde in einen herumschwirrenden Bienenschwarm verwandeln – am Ende fände auf diesen unkontrollierbaren Wegen gar liberales Gedankengut aus der weiten Welt Eingang in die brave Residenzstadt an der Leine: für den König eine schreckliche Vision.

Kein Wunder also, daß die Hannoveraner noch in die Postkutsche steigen mußten, als in England schon seit zwanzig Jahren Personenzüge verkehrten. Erst nachdem das benachbarte Braunschweig, an einer Schienenstrecke zur Nordseeküste interessiert, sich mit dem mächtigen Preußen zusammentat, wo man die Hauptstadt Berlin mit den westlichen Provinzen Rheinland und Westfalen verbinden wollte, lenkte die sture hannoversche Majestät ein – ohne freilich einer Streckenführung bis ins freigeistige Hamburg zuzustimmen. Vor den Toren der aufgeklärten Hansestadt, im damals noch hannoverschen Harburg, war Endstation. Am 22. Oktober 1843 setzte sich an der Leine der erste Zug in Bewegung – er fuhr bis Lehrte. Ein halbes Jahr später durfte die erste Lokomotive Richtung Braunschweig die Landesgrenzen überschreiten.

Der Baukunst widmete Ernst August mehr Aufmerksamkeit als dem technischen Fortschritt. Sein Hofarchitekt Georg Ludwig Friedrich Laves hat Hannover wohl stärker verändert und geprägt, der Stadt mehr neue Dächer aufgesetzt als jeder andere Baumeister in Hannovers Geschichte. Er entwarf das Opernhaus und den Waterloo-Platz, erneuerte die Schlösser in Herrenhausen und an der Leine, baute Stadtpalais und Landsitze, plante neue Straßenzüge und erfand neue Konstruktionsmethoden.

Obwohl Ernst August als Regent ein erzreaktionärer Monarch war, der keinerlei liberale Neigungen duldete, schien die Stadt kulturell aus einem Dornröschenschlaf zu erwachen, als er 1837 den Thron bestieg. Denn seit 1714 hatten die hannoverschen Könige – zugleich Könige von England – in London residiert und die Stadt an der Leine links liegen lassen. Diese Zeit hat Hannovers Ruf als verschlafenes Nest ohne höfischen Glanz und Prunk, als kreuzbrave Bürokratenstadt, lieblos aus der Ferne verwaltet, bis heute geprägt. Schon Ernst Augusts Vorgänger Georg IV. war von den Hannoveranern 1821 mit Jubel begrüßt worden, als sich mit ihm nach 66jähriger Abwesenheit zum ersten Mal wieder ein Herrscher an der Leine blicken ließ, und ein Jahr später wurde eine *Königliche Bau-Commission* eingerichtet, um „eine Verschönerung der Stadt durch eine geschmackvollere Bauart zu bewirken". Nach dem Ende der Personalunion 1837 bekam die Leinestadt mit König Ernst August nicht nur endlich wieder einen Herrscher mit großem Hof, sondern auch ein neues Gesicht verpaßt.

Auch das Konzept von Hannovers erstem Bahnhof stammte von Laves. Das später von F. Schwarz ausgeführte dreigeschossige Hauptgebäude verfügte über zwei Flügelbauten, die durch niedrige Arkadenreihen verbunden wurden. Hinter ihnen war die Perronhalle zu erkennen, unter deren Dach die Gleise hindurchliefen. War dieser erste Bahnhof – 1847 fertiggestellt – noch im klassizistischen Stil als verputzter Ziegelbau ausgeführt, so erhielt der wegen des gestiegenen Verkehrsaufkommens notwendig gewordene Neubau 1880 eine Eisen-Glas-Konstruktion als Perronhalle. Wenn auch keinen Kopfbahnhof, so besaß Hannover nun – 16 Jahre nach Laves' Tod – auch eine dieser *Kathedralen der Technik*, wie die aus Eisen und Glas gebauten riesigen Bahnhofshallen genannt wurden. Die Wunder der Technik waren auch an der Leine nicht aufzuhalten.

Mit der Eisenbahn zog eine neue Art des Bauens in die Städte – und eine neue Art von Dach. Die Konstruktionen aus Gußeisen, das nur wenig schwerer als Stein ist, aber viel größere Zug- und Druckkräfte aufnehmen kann, ermöglichten bis dahin ungeahnte Spannweiten und trugen zwischen ihren ornamentierten Pfeilern und Streben Glasflächen, die den ganzen Raum darunter mit Licht durchfluteten. Auch Hannovers alte Markthalle besaß ein eisengetragenes Glasdach, das den Blick auf einen Himmel freigab, der dem Bürgertum auf dem Höhepunkt der Industrialisierung keine Grenzen mehr zu setzen schien.

Laves experimentierte zwar schon mit dem neuen Baumaterial und ließ Brücken und Wintergärten aus Gußeisen fertigen. Die Frederikenbrücke zum Beispiel, die sich zwischen Georgengarten und Herrenhäuser Gärten über die Graft spannt, oder der halbkreisförmige Wintergarten am Wangenheimpalais – unter dessen Dach das Wirtschaftsministerium nun seine Personalakten aufbewahrt – sind heute noch Beispiele für Laves' technischen Fortschrittsgeist. Doch an Bauten aus Eisen wagte sich Laves noch nicht. Erst 1911 entwarf der Architekt Rudolf Friedrichs Hannovers ersten Stahlskelettbau: das Georg von Cölln-Haus an der Marktkirche, dessen Metallkonstruktion sich um einen glasgedeckten Lichthof gruppiert. Zunächst ein Lagergebäude, nach dem Krieg ein Freizeithaus, setzt heute das Landesmuseum in Sonderausstellungen seine Exponate unter dem Glasdach ins rechte Licht.

Laves war es schließlich auch, der die engen Grenzen sprengte, die sich seit dem Mittelalter um die Stadt legten. Den Bau des Bahnhofs benutzte er, um durch Schiller-, Bahnhof- und Luisenstraße ein neues Viertel zu erschließen, nachdem die Wallanlagen entlang der Georgstraße gefallen waren und den Weg zur Erweiterung der Stadt freigegeben hatten. Laves' größte Vision, eine Achse, die sich quer durch die Stadt von der Waterloosäule über das Leineschloß und die Marktkirche bis zum Bahnhof ziehen sollte, verwirklichte in der zweiten Hälfte des letzten Jahrhunderts der Baulöwe Ferdinand Wallbrecht, als er die Karmarschstraße wie eine Schneise durch das enge Altstadtgebiet schlagen ließ und zur Einkaufszeile ausbaute.

Nun war auch für Hannovers älteste Dächer die neue Zeit angebrochen – etliche von ihnen mußten den ehrgeizigen Plänen des Spekulanten weichen.

König Ernst Augusts Ur-Ur-Urenkel, der 34jährige Prinz Ernst August von Hannover, genießt heute nicht mehr das Vergnügen seines Vorfahren, Städtebau als Privathobby zu betreiben. Seit der Schlacht bei Langensalza 1866, als die Welfen sich schließlich den preußischen Truppen ergeben mußten und Bismarck mit der Annexion Norddeutschlands die 700jährige Selbständigkeit des Welfenstaates beendete, sind die Welfen politisch entmachtet. Aus der Residenzstadt eines Königreiches wurde eine Provinzhauptstadt – der hannoversche Genitiv gilt nicht mehr. Die stolze Marienburg ist heute nur noch ein beliebtes Ausflugsziel für Kaffeefahrten, das Fürstenhaus in Herrenhausen dient bei gelegentlichen Anlässen repräsentativen Pflichten. Der letzte Welfenkönig Georg V. ging ins Exil nach Wien und starb (nachdem das Privatvermögen des Welfenhauses von den Preußen beschlagnahmt worden war) 1878 in Paris – ohne jedoch den Anspruch auf den hannoverschen Thron je aufgegeben zu haben. Doch auch die königstreue Welfenpartei, die noch bis 1918 in Hannover politisch aktiv blieb, und die Welfenlegion von 800 Mann, die sich in Frankreich bis 1870 zusammenfand, konnten die alten Zeiten nicht zurückbringen. Der Welfenprinz Ernst August lebt heute die meiste Zeit in London, wo auch seine Kinder aufwachsen, andere Familienangehörige haben sich auf ihre Besitztümer in Österreich zurückgezogen.

Geblieben ist ihnen bis heute auch das Welfenmausoleum im Berggarten. Der Öffentlichkeit nicht zugänglich, liegen hier am Ende zweier langer Baumreihen die Vorfahren des Prinzen begraben. Derselbe Ernst August, der vor dem Bahnhof reitet, ruht hier nebst Gattin Frederike in einem Sarkophag aus Carrara-Marmor, für dessen Gestaltung der berühmte Bildhauer Christian Rauch aus Berlin nach Hannover geholt wurde. Nach dem Tod der Königin Frederike 1841 trieb König Ernst August seinen Hofbaumeister Georg Ludwig Friedrich Laves an, in aller Eile eine passende Grabstätte in der Nähe seines Herrenhäuser Schlosses zu entwerfen, in der der König auch selbst einmal beigesetzt werden wollte. Laves schuf 1847 ein Gebäude mit dorischem Portikus und Vorhalle, einem quadratischen Mittelbau und einer halbkreisförmigen Altarnische. Unter einem flachen Zeltdach aus grün angelaufenem Kupfer wölbt sich eine Kuppel im düsteren Inneren über die hier beigesetzten adligen Häupter, und eine Steintafel rechts vom Eingang erinnert an die namenlosen „treuen Hannoveraner", die bei Langensalza „für ihren König und die Freiheit ihres Vaterlandes" fielen.

Um die Sarkophage des Bildhauers Rauch entbrannte nach dem Tod Ernst Augusts ein Streit zwischem dem Berliner Künstler und Laves: dem eitlen Rauch waren seine Werke durch die Seitenfenster nicht genügend beleuchtet, er forderte mehr Licht im Inneren. Georg V. entschied sich jedoch gegen dieses Ansinnen, wichtiger als nachträgliche Umbauten zur rechten Beleuchtung war ihm die Totenruhe seines Vaters Ernst August in der Kapelle. Das konnte nicht verwundern: Georg V. war seit seinem 14. Lebensjahr stockblind.

Im Inneren des Wals

Zu jener Zeit brauchte man von der in wenigen Jahren bebauten, schnurgeraden Karmarschstraße nur kurz in eine der Quergassen einzubiegen, um das Hannover früher Jahrhunderte wiederzufinden. Zwischen Goethe- und Georgstraße, Friedrichswall und Leibnizufer boten Hannovers erste Dächer den Bewohnern der Stadt *am hohen Ufer* Schutz vor Sturm und Regen. In dem Fünfeck der City, wo heute zu viele Kaufhäuser und zu wenig Parkplätze an verkaufsoffenen Sonnabenden zum Verkehrschaos führen, zogen sich vor achthundert Jahren von Südost nach Nordwest, parallel zum Lauf der Leine und in Richtung des alten Handelsweges von Hildesheim nach Bremen, die Hauptstraßen der Stadt. Entlang der Osterstraße, der Markt- und Schmiedestraße, der Knochenhauer-, Lein- und Burgstraße standen die ältesten Häuser. Begrenzt von Mauer und Graben, dem Leinearm im Westen und dem Altwasserteich im Süden, lebten die Hannoveraner des Mittelalters. Das Steintor im Norden, das Aegidientor im Süden, das Brühl- und später das Leintor im Westen bewachten den Zugang zur Stadt.

Zwei unterschiedliche Landschaften treffen am Hohen Ufer zusammen: das wellige Vorland des Mittelgebirges mit seinen fruchtbaren Lößböden und die kargere Norddeutsche Tiefebene voller Heide und Moor. Auch die verschiedenen Bauformen dieser Gegenden vermischten sich in Hannover. Giebelständige Häuser, wie sie im Norden üblich waren, standen mit ihrer Schmalseite zur Straße, traufenständige Häuser zeigten nach Art des Südens mit ihrer Breitseite nach vorn.

Bauten aus Ziegel nördlicher Herkunft sah man genauso wie solche aus Hausteinen, die südlich der Stadt im Calenberger Land oder an der Weser gebrochen wurden.

Damals wurde der Raum unter dem Dach noch intensiv genutzt. Die steilen Giebeldächer bargen – oft auf mehreren Etagen – Vorräte und Handelsgüter, die über eine Winde am Giebel, die Lucht, hochgezogen wurden. Manch ein Bürger übertrieb die Vorratshaltung, und so stürzte wegen der mangelhaften Statik des Fachwerks hin und wieder ein Boden ein, wenn er zuviel Korn tragen mußte. Der Grützemacher Cord Bunke zog sich 1596 den Zorn seiner Nachbarn zu, weil er den Dachraum seines Hauses als Arbeitsplatz nützte. Die Anlieger beschwerten sich schriftlich beim Rat, Bunke habe unter seinem Dach eine Darre stehen, mit der er Getreide trockne und dann über einem Feuer zu Grütze verarbeite. Springe ein Funken in die leeren Hülsen, so könne daraus rasch ein Brandherd entstehen. Bei den zum größten Teil mit Stroh oder Schilf gedeckten Häusern – nur öffentliche Bauten bekamen schon im 16. Jahrhundert die wesentlich teureren Ziegeldächer – und den aus Holz und Lehm gefertigten Wänden konnte auch ein zunächst kleiner Brand rasch verheerende Folgen haben.

Daß Cord Bunke seinen Dachboden als Arbeitsplatz nützte, beweist die Raumnot im alten Hannover. Jeder Quadratzentimeter wurde ausgenutzt. Die Giebelseiten der Häuser zeigten deshalb Vorkragungen, unter denen sich die ohnehin schon engen Gassen noch mehr verfinsterten. In kleinste Baulücken, in Höfe und Einfahrten wurden winzige Wohnstätten gesetzt, die selten mehr als 60 Quadratmeter und meist nur ein Stockwerk besaßen und in denen Altenteiler lebten oder ärmere Bürger zur Miete wohnten.

Diese Häuschen wurden *Buden* genannt: eine Bezeichnung, die sich bis heute für die Kioske erhalten hat, von denen Hannover wohl mehr aufweisen kann als jede andere Stadt. Mehr als hundert existieren allein in Linden. Über die amtsdeutsche Titulierung als *Trinkhalle* kann jeder echte Hannoveraner nur lachen, denn erstens sind es keine Hallen, sondern mit einem höchst provisorischen Regenschutz versehene Unterstände, und

Leineinsel und Altstadt um 1938

zweitens darf dort nicht getrunken werden, weil die Inhaber keine Schankkonzession besitzen. (Natürlich wird vor den Kiosken trotzdem gezecht – mitunter mehr, als bekömmlich ist. Und Vaters „Geh mal für mich zur Bude!" war die Kurzformel, ihm sein Feierabendbier zu besorgen.)

Im Mittelpunkt des alten Hannovers stand die Marktkirche, Sankt Georg und dem heiligen Jakob geweiht. Die Bomben des Krieges haben auch sie nicht verschont, doch wiederhergestellt beherrscht sie bis heute die Häuser der Altstadt. Ein unscheinbarer Seiteneingang links des großen Portals führt zu einer engen Wendeltreppe. Über 138 abgenutzte Steinstufen geht es hinauf bis zu einem Quergang. Rechts davon öffnet sich der hohle Turm, hinter einer dünnen Holzdecke verbirgt sich das mächtige Geläut mit seinen elf Glocken. Links geht es zum Dachstuhl, der auch als Modell im Historischen Museum zu bewundern ist.

Ein paar Neonröhren werfen ihr fahles Licht auf hölzerne Planken, die durch den dunklen Raum laufen. Darunter ruhen wie steinerne Glocken die Gewölbedecken des Kirchenschiffs, darüber spannt sich in unendlichen Verstrebungen der steile Dachstuhl fast 20 Meter empor – so hoch, daß eine zweite Kirche hier oben Platz fände. In vier Etagen führen Leitern bis zum First und bilden einen dreidimensionalen Irrgarten zwischen Balken und Trägern. Dazwischen funkelt das Tageslicht durch winzige Luken und wirft Sterne an das Ziegelfirmament. Hoch oben an der Turmseite des Daches sind die Öffnungen der dort eingemauerten Schatzkammern zu erkennen. Dort verbarg die Stadt ihre kostbarsten Reichtümer, wenn der Feind vor den Toren stand. Das Dach der Kirche war zugleich die letzte Verteidigungsbastion der Bürger.

Hier oben scheint die Zeit stillzustehen. Nur ganz schwach dringt der Straßenlärm herauf, als käme er aus einer anderen Welt. Wie im Innern jenes Wals, der Jonas verschlang und geläutert wieder an Land spuckte, kam ich mir an diesem Ort vor. Die Steingewölbe zu meinen Füßen schienen Därme zu sein, die Streben über meinem Kopf die Rippen des Riesentiers. Die Dunkelheit verschlingt jeden Laut, kein Orgelton dringt aus dem Gotteshaus hier herauf.

Gegenüber der Marktkirche steht ein anderes Symbol des alten Hannovers. Nicht kühn, doch mächtig, nicht aufwärtsstrebend, sondern bodenständig – so verewigten die Baumeister Cordt und Ludecke Mitte des 15. Jahrhunderts mit dem Marktflügel des Ratsgebäudes den Bürgersinn der freien Städter an der Leine.

Unter dem hohen Satteldach zwischen den gotischen Giebeln bewahrt heute das Stadtarchiv seine Akten auf. Den Marktflügel besuchen geladene Gäste, wenn ein Empfang im alten Ratssaal mit Sekt und kaltem Büffet lockt. In der Köbelinger Straße ragt die alte Gerichtslaube in die Straße vor. Hier wurden früher die Todesurteile verkündet, hier verurteilte man auch den Aufrührer und Banditen Jasper Hanebuth im 30jährigen Krieg, bevor er am Steintor hingerichtet wurde. Kein Leben mehr, sondern nur die Jungesellenzeit findet heute ihr Ende im Alten Rathaus. Den Dogenpalastflügel, angefügt 1846, hat jeder Hannoveraner schon einmal betreten, der einen Ehering trägt.

Die Reis- und Konfettireste der letzten Trauung übersäen die Treppenstufen am Eingang. Alle Stunde muß der Hausmeister den Besen aus seinem Zimmerchen gleich um die Ecke kramen und den Boden fegen – eine mühselige Arbeit, wenn es draußen regnet und die Papierschnipsel unter den Lackschuhen der Hochzeitsgäste pappen. Auf dem Flur zu den Heiratszimmern vermengen sich die verschiedenen Feiergesellschaften beim fliegenden Wechsel nach der Zeremonie.

Auf der Treppe zum Dach bleibt der fröhliche Lärm im ersten Stockwerk zurück. Brandflecken im dunklen Holz der Stufen zeugen als letzte Narben vom Feuer der Bombenangriffe. Eine Glastür öffnet sich, und vom Innenhof steigen die Gerüche aus der Küche des Ratskellers herauf: schwere Braten, dicke Soßen und fette Kroketten – die ‚gute deutsche Küche' hat sich im Alten Rathaus seit der Währungsreform kaum verändert.

Eine schmale Außenleiter führt auf das Flachdach des Flügels an der Köbelinger Straße, ein mit Teerpappe versiegeltes Provisorium der Nachkriegszeit. Hinter dem Nachbargebäude pflanzen Bauarbeiter mit einem großen Kran Büros und Luxusappartements in den hohlen Bauch der historischen Fassade. Eine Batterie von Scheinwerfern zielt auf den Marktkirchenturm nebenan. Vor der Riesenkulisse des Kirchendachs wirkt das Rathaus wie ein kleiner Abkömmling im selben Backsteinrot. Unten steht Martin Luthers Statue an der Kirchenwand, scheint zu uns heraufzublicken und darauf zu warten, daß ihm wieder jemand einen Bierbecher in die hohle Hand schiebt – wie alljährlich beim Altstadtfest.

Zwischen Altstadt und Calenberger Neustadt überlebte ein Rest der hannoverschen Vergangenheit zwar noch den Krieg, aber nicht mehr die Aufbaujahre. Dort auf der Leineinsel standen enge Fachwerkhäuser, schon vor dem Krieg zu Elendsquartieren heruntergekommen, bis an den Fluß gedrängt, der sie damals mit zwei Armen umfaßte. Unter ihren Ziegeln lebte das Strandgut der Weimarer Republik. Ein paar Häuserreihen entfernt, in der Roten Reihe 4, hauste auch der Massenmörder Fritz Haarmann, der dort in einer winzigen Dachkammer die Leichen seiner Opfer fachgerecht zerlegte, bevor er sie im Fluß und in der sumpfigen Eilenriede versenkte. Im Herzen von Hannovers Altstadt ließen die Bomben im Zweiten Weltkrieg kein Haus mehr ganz. Das niedersächsische *Klein-Venedig*, wie die Straßenzüge auf der Insel genannt wurden, verbrannte und mit seinen Trümmern wurde der westliche Leinearm am Archiv zugeschüttet.

Eine Stadt wird obdachlos

Fünfzehn Minuten vor drei war es in der Nacht des 9. Oktober 1943, als die älteste Glocke Hannovers vom Turm der Aegidienkirche zum letzten Mal die Viertelstunde anzeigte. „Bei meinem frommen Klange dem Volke eile zu Hilfe, Maria" lautete die Inschrift auf dem Bronzekörper. Die Hilfe kam nicht. Minuten später erlebte die Stadt ihren schwersten Bombenangriff. Das Höllenfeuer, das vom Himmel fiel, zerstört auch Sankt Aegidien samt der Marienglocke. Mehr als 600 Jahre hatte sie geläutet.

Der erste September, Namenstag des heiligen Aegidius, fiel 1163 auf einen Sonntag. Heinrich der Löwe tagte im Ballhof und verlieh Hannover, das er vom Grafen Conrad von Roden übernommen hatte, das erste Stadtrecht. An diesem Tag, so liegt es nah, weihte der Bischof von Minden die von Heinrich gegründete Aegidienkirche ein, neben Kreuz- und Marktkirche Hannovers dritte Gemeinde. Wahrscheinlich schlug damals die Marienglocke zum ersten Mal.

1717 erhielt die seit 1533 evangelische Kirche ihren neuen Turm nach italienischem Vorbild, geschmückt mit einem achteckigen Kupferhelm. Zehn Jahre nach dem Wiener Kongreß, auf dem Hannover zum Königreich aufstieg, ließ Baumeister Laves die verwitterten Gewölbe und Pfeiler aus der Aegidienkirche herausreißen und – abgestützt durch nun industriell gefertigte gußeiserne Säulen und Tudorbögen – durch eine Holzdecke und ein spitzbogiges Kreuzgewölbe in den Seitenschiffen ersetzen.

In der Nacht des 27. September 1943 fiel eine schwere Bombe auf das Gotteshaus, zerschlug die Chormauern und deckte das Kirchendach ab. Als die Gemeinde noch hoffte, die Schäden beseitigen zu können, kam die Nacht des 9. Oktober, als die älteste Glocke der Stadt, übriggeblieben bis zum Schluß, das letzte Mal läutete.

Als am 10. April 1945 amerikanische Soldaten, in drei Regimentern von Norden und Westen kommend, über die Limmerstraße, den Engelbosteler Damm und die Vahrenwalder Straße stadteinwärts Richtung Hauptbahnhof marschierten, war der Krieg in Hannover vorbei – und von der Stadt nur noch Trümmer übrig. Aus dem Traum vom tausendjährigen Reiche erwacht, rieben sich die Überlebenden die Augen und erkannten auch die Letzten, was ihnen die Herrschaft der Nazis hinterlassen hatte.

An der Leine lagen, dort, wo früher eine Stadt existiert hatte, sechs Millionen Kubikmeter Schutt. Von 147 000 Wohnungen waren nur 7655 unbeschädigt geblieben, von 1600

1945: wieder ein Blick vom Neuen Rathaus

1946 - Wiederaufbau der Marktkirche und Blick des Fotografen Wilhelm Hauschild über die zerstörte Stadt.

Fachwerkhäusern der Altstadt überlebten ganze 32, von 87 Schulen standen noch vier. 7500 Tote und Vermißte, 250 000 Menschen ohne Bleibe in entvölkerten Stadtteilen und einer Ruinenlandschaft, die früher die Innenstadt war.

88 Luftangriffe hatten sich die Dächer Hannovers zum Ziel gesucht, die schwersten am Mittag des 26. Juli und in der Nacht des 9. Oktober 1943. Noch 16 Tage vor dem Einmarsch der Amerikaner hatte es über der Nordstadt, über Vahrenwald und der List Spreng- und Phosphorbomben, Luftminen und Brandsätze vom Himmel geregnet.

Moral bombing nannte der britische Luftmarschall Sir Arthur Harris seine Kriegsstrategie nach der Bombardierung Coventrys durch die deutsche Luftwaffe. Nicht nur die Dächer, die Moral der Bevölkerung sollten die Piloten der Royal Air Force, von den Nazis als ‚Terrorflieger' beschimpft, treffen. Doch den Krieg konnten die Einsätze der Bomberstaffeln nicht verkürzen. Die Deutschen zeigten kein ‚Erbarmen mit sich selbst', um das sie Bertolt Brecht aus dem Exil gebeten hatte.

„Lieber tot als Sklav'!", rief Hannovers Gauleiter Hartmann Lauterbacher über Rundfunk und Zeitung seinen Volksgenossen fünf Tage vor dem Einrücken der Alliierten zu und drohte den deutschen Frauen, die Amerikaner würden sie nach dem Sieg in ‚Negerbordelle' verschleppen, wenn ihre Männer nicht bis zum letzten Blutstropfen kämpfen würden. Wenige Tage später floh der Gauleiter lieber mit seiner Frau im Achtzylinder-Automobil der Luxusmarke Horch nach Prag und weiter nach Österreich, wo ihn britische Truppen gefangennahmen.

Schaurige Skelette waren aus den Häusern Hannovers geworden. Ohne schützendes Dach bloßgelegt, standen die Grundmauern wie die Kulissen einer Geisterstadt da, durch Fenster ohne Glas und Rahmen pfiff der Wind. In den Straßenzügen bildeten zu einem Steinhaufen zusammengesunkene Gebäude häßliche Lücken und entstellten die einst geschlossenen Fronten zu gemauerten Grimassen. Wo die Verwüstung komplett war und eine einzige Trümmerwüste hinterließ, fiel selbst alteingesessenen Hannoveranern die Orientierung schwer. Erst allmählich zogen sich wieder Trampelpfade durch die Schuttfelder und knüpften langsam ein neues Netz primitiver Straßen.

Die letzten Kriegsmonate verbrachten die Hannoveraner hauptsächlich in den Luftschutzkellern und rund fünfzig Bunkern der Stadt, hockten auf Koffern und Kartons, die ihre hastig eingepackte letzte Habe enthielten, stets in der Angst, verschüttet und eingeschlossen zu werden, während über ihnen die Dachstühle lichterloh brannten. Schon nach dem schweren Angriff vom 9. Oktober 1943 waren siebzig Prozent der hannoverschen Wohnungen unbrauchbar zerstört, die von den Nazis ständig wieder instandgesetzten rüstungswichtigen Betriebe hielten dagegen fast bis zum Ende stand. Die Conti in Vahrenwald mit ihrem Herzstück, dem Kesselhaus, die Vereinigten Leichtmetallwerke in Laatzen, auf deren Gelände später die Messehallen entstanden, die Hanomag in Linden und die Misburger Ölraffinerie konnten teilweise bis zum März 1945 die Kriegsmaschinerie in Gang halten.

Eine Stadt ist mehr als nur eine besonders dichte Ansammlung von Gebäuden auf engem Raum – sie ist ein Ort gemeinsamen Lebens, der in seinen Bauten ein steinernes Zeugnis seiner Entwicklung ablegt. „Die Geschichte unserer Häuser ist 2000 Jahre alt," schreibt Alexander Kluge, „zerstört sind sie in einer Nacht." Heute, 45 Jahre später, sind viele Wunden, die der Krieg in die Dächer schlug, wieder verheilt, manche wenigstens vernarbt. Nur die dachlose Aegidienkirche mahnt noch immer an jene Nächte, in denen eine ganze Stadt obdachlos wurde.

Grüne Zungen, blaues Herz

Die einmalige Chance, die eine zerstörte Stadt beim Neuaufbau bot, wollten die Stadtplaner der Nachkriegszeit für ein neues Konzept der Verkehrsführung als erstem Schritt einer Neuen Ordnung nutzen. Umweltprobleme, die in den achtziger Jahren zum Umdenken in der Verkehrspolitik zwingen, waren damals noch unbekannt. Nicht Bus, Bahn oder Fahrrad galten als die sinnvollsten innerstädtischen Fortbewegungsmittel – dem Auto wurde die Vorfahrt eingeräumt und in kaum einer Stadt geschah dies so konsequent wie in Hannover: Die erste wirklich autogerechte Stadt sollte an der Leine entstehen. Noch heute funktioniert dieses System – verglichen mit anderen westdeutschen Großstädten – leidlich. Ohne lange Staus kann man mit dem Pkw vom einen Ende der Stadt ans andere gelangen. Doch die Grenzen des Individualverkehrs bekommt nun auch Hannover zu spüren: Parkraumnot und Baumsterben kennt man auch hier.

Vor allem die drei Straßenarme, die als Lavesallee, Friedrichswall und Leibnizufer vom Frederikenplatz abzweigen, veränderten nach dem Krieg das Bild der Stadt grundlegend und zerschnitten ihr Dachmuster. In ihrem Herzen ging die Leineinsel unter, als der alte westliche Flußarm zugeschüttet und mit Asphalt planiert wurde.

Verändert haben die neuen Autowege auch das Gesicht der traditionellen Plätze

Hannovers zwischen den Dächern der Stadt. Vor allem der Königsworther Platz, früher Ausgangspunkt der baumbestandenen Allee nach Herrenhausen, überlebte nur als eine einzige Asphaltfläche, auf der die Ampeln im Takt das Stop-and-go der Autos dirigieren.

Dem Klagesmarkt erging es nur wenig besser. Zwar sickert auch hier der Autobrei jeden Nachmittag nur langsam durch das Nadelöhr der Kreuzung Schloßwender- und Arndtstraße stadtauswärts auf den Engelbosteler Damm. Doch dort, wo vor Hunderten von Jahren Roßhändler vor den Stadtmauern den Pferden ins Maul schauten, können die Hannoveraner wenigstens noch über den Pöttemarkt bummeln oder den markigen Sonntagsreden der Gewerkschaftsbosse lauschen, wenn sie sich am 1. Mai gegenüber vom Gewerkschaftshaus in die Arbeiterbrust werfen. *Sünte Klages Friedhof* rings um die Ruine der Nicolai-Kapelle, früher die *Englische Kapelle* der anglikanischen Gemeinde, ist abgeschnürt vom Leben der Stadt und stranguliert wie eine Verkehrsinsel. Da, wo der Dichter Ludwig Christoph Hölty 1767 begraben wurde, übertönt die Verkehrsbrandung das Rauschen der Baumwipfel.

Auch der Platz, dem die Aegidienkirche den Namen gab, als Bürgermeister Grupen Mitte des 18. Jahrhunderts dort die Befestigungsanlagen entfernen und eine Vorstadt anlegen ließ, hat nach dem Krieg sein Gesicht geändert. Seit 1968 spannt sich eine Hochstraße aus Krupp-Stahl über den Aegi. Die einst runde Anlage mit den drei Rasenstükken, um die die ersten Automobile tuckerten, wich verzweigten Straßenbahnschienen und computergesteuerten Ampeln.

Aus der Vogelperspektive fallen nicht nur Hannovers Bausünden auf, auch seine Vorzüge springen deutlich ins Auge. Noch immer ist Hannover eine Stadt im Grünen. Zwischen den Dächern aus Ziegel und Beton spannen vielerorts Bäume ihre Zweige über Fußwege und Rasenflächen – natürliche Dächer, in deren Schatten ein Sommer in dieser Stadt zur Erholung werden kann. Wie grüne Zungen, die die steife Stadt necken wollen, schieben sich die Baumdächer bis an die Grenze zur Innenstadt. Vom Osten her reicht die Spitze der (allerdings schon kränkelnden) Eilenriede mit ihren fast siebenhundert Hektar Wald bis zum Emmichplatz, die Parklandschaft des Georgen- und Welfengartens schlägt mit dem Großen Garten in ihrem Rücken die zweite bepflanzte Schneise zwischen die Dächer der Stadt an der Leine, und der Maschsee eröffnet hinter dem Kuppeldach des Neuen Rathauses den Blick über die südlichen Leineauen.

In diesen grünen Schneisen kann man aus der Luft auch Hannovers kleinste Dächer ausmachen: die Lauben der Schrebergärten. Rund 20 000 davon auf insgesamt 12 000 Quadratmeter Fläche haben Hannover zu einer Hochburg der Kleingärtnerei gemacht, und mancher Ratsherr verdankt sein Mandat vor allem dem regelmäßigen Besuch zahlreicher sommerlicher Koloniefeste, wenn Lampions die Obstbäume illuminieren. Denn die Laubenpieper sind eine politische Macht und verteidigen ihre grüne Kleinidylle, wenn die Stadt wieder einmal Bauland benötigt und die Schrebergärtner weichen sollen.

Zur Förderung der Volksgesundheit durch Arbeit an frischer Luft um 1850 von dem Leipziger Arzt Dr. Schreber empfohlen, entstanden in Hannover bis 1914 schon 3 000 Kleingärten. Was zuvor ein Privileg Wohlhabender war – der Besitz eines Gartenhäuschens vor den Toren der Stadt – konnten sich so auch breitere Volksschichten leisten. Während des Ersten Weltkrieges half der Anbau von Kartoffeln und Gemüse in den Kleingärten die Versorgungsnot zu lindern, nach dem Zweiten Weltkrieg boten zahlreiche Lauben ein Notquartier, als es vor allem an Unterkünften fehlte. In den Wohlstandsjahren danach wuchsen wieder Obst und Blumen, die Teerpappe auf den kleinen Satteldächern wurde durch Ziegel ersetzt, Strom und fließend Wasser gelegt, und in manchen Gärtchen entstanden sogar richtige kleine Bungalows im Flachdach-Stil der siebziger Jahre.

Doch noch immer dient die eigene Grünparzelle als Ausgleich zur engen und dunklen Mietwohnung, und obwohl den Laubenkolonien der Ruf anhängt, ein Hort für spießige Gartenzwerge und dumpfe Vereinsmeierei zu sein, haben mittlerweile selbst Anhänger der grün-alternativen Bewegung den Kleingarten für die private Ökozucht entdeckt. In einer Großstadt, die Kindern sonst wenig Platz einräumt, gibt es für sie keinen schöneren Spielplatz – das habe ich selbst erfahren. Mein Vater träumte nach Schichtende zwischen Runkelrüben und Rhabarber von seiner bäuerlichen Heimat in Ostpreußen, wir fütterten die Kaninchen, und zu meinen schönsten Erinnerungen gehören lange Frühstücke mit der ganzen Familie am sommerlichen Sonntagmorgen, wenn der Holztisch unter dem Dach der Apfelbäume gedeckt wurde.

Nicht nur Grün – auch Blau ist im Blick über Hannovers Dächer auszumachen. Zwar versteckt die Stadt ihre Flüsse, die Leine und deren Zufluß Ihme, zwischen Autostraßen und Hinterhöfen, doch der Maschsee entschädigt dafür mit Wegen und Promenaden am Wasser entlang. So markant ist das künstliche Gewässer im Herzen des Stadtbilds von oben, daß seine unverwechselbare Form englischen und amerikanischen Bomberpiloten während des Zweiten Weltkrieges den

Anflug auf das städtische Zielgebiet erleichterte und die Hannoveraner vergeblich versuchten, ihren See mit einer Abdeckung zu tarnen. Obwohl schon seit 1904 erste Überlegungen existierten, einen See auf dem Wiesengelände zu schaffen, in das die Leine sich früher bei Hochwasser ergoß, machten sich die Nazis diese Pläne 1934 zunutze, ließen den zwangsrekrutierten Arbeitsdienst zum Spatenstich antreten und präsentierten den Bau des Maschsees als Vorzeigeprojekt ihrer ‚Arbeitsbeschaffungsmaßnahmen'.

Noch heute verraten die Plastiken am Ostufer den Geist jener Zeit: das *Menschenpaar* von Georg Kolbe (1939) schaut so germanisch aus, als sei es einem Nazi-Lehrbuch für Rassenkunde entsprungen, und am Fuß der Fackelträger-Säule wurde zwar das Hakenkreuz aus dem Lorbeerkranz gemeißelt, doch der Adler darüber und der Kraft-durch-Freude-Sinnspruch haben bis heute überlebt.

Die meisten Spaziergänger flanieren achtlos an diesen Fossilien des Dritten Reiches vorbei. Mehr aufmerksame Blicke zieht das 1972 geschaffene Stadionbad an, dessen kühn geschwungene Dachmuschel vom grenzenlosen Vertrauen in die Statik der Spannbeton-Konstruktion kündet. Auf der anderen Seite des Sees, an der Ecke von Altenbekener Damm und Rudolf-von-Bennigsen-Ufer, beherrscht ein Ensemble von Schulen das Uferbild, deren äußerer Kontrast den Bogen vom Jugendstil zur Nachkriegsarchitektur schlägt.

Auf der einen Seite steht der trutzige Bau der Bismarckschule, dessen Ansicht trotz seiner Jugenstiltürmchen das Flair einer preußischen Zuchtanstalt besitzt. Die Dächer freilich, die dem 1911 eingeweihten Schulgebäude aufgesetzt wurden, sind etwas für Liebhaber. Um die verschiedenen Flügel und Baukörper zu gliedern, bekamen sie unterschiedliche Dächer: Der dreigeschossige Mittelbau trägt ein Satteldach, das sechsgeschossige Planetariumsgebäude ein Flachdach, den Nord- und Südflügel sowie den eingeschossigen Anbau krönt ein Walmdach.

Im Blickfeld der massigen Bismarckschule liegt ein zweites Gymnasium: die Tellkampfschule. Schon äußerlich scheint sie das Gegenteil zu sein. Kein stolzes Erziehungsinstitut ragt dort auf, sondern langgezogene Gebäude mit flachen Dächern im nüchternen Bauhaus-Stil erstrecken sich über die Rasenflächen, untereinander verbunden durch gläserne Flure. Daß die Bismarckschule hinter ihren dicken Mauern als ein ‚ordentliches' Gymnasium von gutem Ruf gilt, während die Tellkampfschule konservativen Schulpolitikern zeitweilig den Schlaf raubte, scheint sich zum äußeren Bild der beiden Nachbarn zu fügen. Daß die Bismarckschule rund 70 Jahre jünger ist als die scheinbar so moderne Tellkampfschule, wissen weitaus weniger Hannoveraner.

Die Attraktion der Bismarckschule, nach einigen steilen Holztreppen erklommen, ist die Sternwarte auf dem flachen Dachteil über dem Südteil des Schulbaus. Wie in großen Oberservatorien gibt es auch hier eine aufschiebbare Kuppel und darunter ein Teleskop auf einem Drehgestell, fleißig genutzt von Schüler-Arbeitsgruppen. Die Sicht von der Plattform, auf der die Anlage steht, reicht über den Maschsee hinweg bis zur Stadtmitte. Auf der anderen Seite liegt die Tellkampfschule, auf deren flache Gebäude man tief hinunterschaut.

Beim Aufstieg in die imposanten Dachräume der Bismarckschule fällt mir wieder eine Episode aus meiner Schulzeit ein. Unter dem Dach der Realschule am Lindener Berge, deren altes Gebäude – eine Billigausgabe der Bismarckschule – heute die IGS Linden nutzt, befand sich der Kartenraum. Nach Nummern eines alten, handgeschriebenen Katalogs sortiert, hingen die zusammengerollten Schaubilder und Landkarten auf einer Stange wie Anzüge im Kleiderschrank. Zum Kartendienst eingeteilte Schüler waren dort oben für die Aus- und Rückgabe dieses Unterrichtsmaterials verantwortlich. Eine beliebte Anekdote erzählte, daß Anfang der sechziger Jahre, kurz nachdem die ersten Mädchen an die frühere Jungenschule aufgenommen worden waren, ein aufsichtsführender Lehrer bei seinem Kontrollgang in dem Dachraum ein Pärchen bei der praktischen Sexualkunde entdeckt haben soll. „Meine Dame, ziehen Sie sich an", habe der Pädagoge ausgerufen und sich dabei die Hand vor die Augen gehalten. Auch für die Lust findet sich unter dem Dach hin und wieder ein freies Plätzchen.

Ein bißchen Blech ein bißchen Lack

„Nicht für die Schule, für das Leben lernen wir" - noch immer ist diese althumanistische Standardweisheit die letzte Waffe überforderter Pädagogen im Kampf gegen unmotivierte Schüler. Das ‚Leben', damit kann offenbar nur die Welt der Arbeit gemeint sein; jene unbekannte Welt, in die die Väter morgens in aller Herrgottsfrühe entschwinden und aus der sie dann acht, zehn, zwölf Stunden später, müde und erschöpft, wiederkehren.

In der Welt meines Vaters wurde nie geschlafen. 12 725 Menschen arbeiteten auf dem Höhepunkt des Baubooms Ende der sechziger Jahre in der Hanomag. Unter den Hallendächern der Riesenfabrik zwischen Bornumer und Göttinger Straße drehten sich die Räder rund um die Uhr, Früh-, Spät- und

Nachtschicht lösten sich ohne Pause ab. Auf den 440 000 Quadratmetern des Werksgeländes lebte eine Stadt in der Stadt.

Heute wirkt die Hanomag außerhalb ihrer Hallen fast wie ausgestorben. Vom Maschinenlärm dringt nichts heraus, am Horizont fährt ein einsamer Meister im Arbeitskittel mit seinem Rad über den weiten Platz. Hier und da stehen die nagelneuen Baumaschinen abholfertig in Reih und Glied. Ihr glänzendes Gelb hebt sich scharf vom tristen Grau der Fabrikmauern ab.

In den Hallen fällt das Licht von oben durch große Fensterflächen und durchdringt jeden Winkel. Scheddächer mit ihrem Zickzackprofil richten ihre schrägen Dachfensterreihen meist nach Norden aus, um ein stets gleichmäßiges Licht hereinzulassen. Merkwürdig unwirklich scheint diese schattenlose Helligkeit, keine Sonne zeigt die Tagesstunde, keine Wolke das Wetter an. Nur die ständig in der Montagestraße nachrückenden Baufahrzeuge bestimmen den Takt der Zeit.

Weiter hinten werden die Scheinwerfer und Fensterscheiben der gelben Ungeheuer sorgfältig mit Papier abgedeckt, bevor sie in die Lackiererei rollen. Seit 27 Jahren zückt hier der Spanier Frederico die Spritzpistole. Zwischendurch tritt er für eine kurze Atempause hinaus und nimmt die Maske ab. Stilvoll trägt der 50jährige Lackierer unter seinem orangefarbenen Overall eine Krawatte. „Ein bißchen Blech, ein bißchen Lack, und fertig ist der Hanomag" rezitiert Frederico fast akzentfrei einen alten Kindereim. Er stammt aus der Zeit, als hier vor dem Krieg noch der Kleinwagen hergestellt wurde, den man seiner Form wegen *Kommißbrot* nannte.

Frederico in der Lackiererei der Hanomag

27 Jahre Arbeit auf der Hanomag – das ist ein Drittel eines Menschenlebens. Generationen von Fredericos haben sich von der Hanomag ernähren und fressen lassen. Mein Vater verdiente nach der Rückkehr aus russischer Kriegsgefangenschaft hier 22 Jahre lang bei Früh-, Spät- oder Nachtschicht sein Geld in der Gießerei. Der zähe Ostpreuße kämpfte im Sommer mit der unerträglichen Hitze und im Winter mit der eisigen Zugluft in dieser funkensprühenden Hölle. Ständig gerieten winzige glühende Spritzer des flüssigen Metalls unter seine Schutzkleidung, und wenn ich mich an meinen Vater in jenen Jahren erinnere, sehe ich vor allem seine ständig verbundenen Füße. In den schweren Sicherheitsschuhen landeten die heißen Funken, wenn er versuchte, sie aus Arbeitsjacke und Hosenbeinen zu schütteln.

1835 hatte Georg Egestorff die *Eisengießerei und Maschinenfabrik zu Linden vor Hannover* gegründet und als einer der ersten Unternehmer in Deutschland den Einsatz der neuen Dampfmaschinen aus England gewagt. Seine 54 Arbeiter stellten alle Gußwaren her, die gefragt waren: Kochtöpfe und Mörser, Zahnräder und Uhrengewichte, Ofentüren und Grabkreuze. Die erste Lokomotive, die 1846 in seinem Werk entstand, taufte Egestorff *Ernst August* nach seinem Landesherren – sie startete auf der ersten Strecke zwischen Lehrte und Hildesheim zur Jungfernfahrt.

Von Egestorffs Erben erwarb der Berliner Henry Bethel Strousberg – ein Generalunternehmer im Eisenbahnbau – für 700 000 Taler das hannoversche Werk. Strousberg verlegte Schienen in ganz Europa und rüstete die Linien mit Wagen und Loks aus. Doch schon nach drei Jahren stürzten Schwierigkeiten im Auslandsgeschäft den Eisenbahnkönig in den Ruin.

Beste Geschäfte machten die Banken mit der Hanomag während des Ersten Weltkriegs. Der Heeresleitung lieferten die 9000 Arbeiter – darunter 2300 Frauen – Seitengewehre, Zünder, Granaten und Geschützrohre und verdreifachten bis 1918 den Jahresumsatz. Nachdem auf Weisung der Siegermächte die zur Kriegsproduktion bestimmten Anlagen zerstört werden mußten, lieferte die Hanomag in zweieinhalb Jahren 1000 Lokomotiven als Teil der Reparationsleistungen.

Während des Zweiten Weltkriegs arbeitete das Werk – nun im Besitz des *Bochumer Vereins* – erneut für die Rüstung, Zwangsarbeiter aus den besetzten Ländern füllten die Lücken, die der Krieg in die Belegschaft riß. Nach 1945 blieb das Werk von der drohenden Demontage verschont und mit dem Nachkriegsbedarf an Ackerschleppern und Lastwagen kam das Wirtschaftswunder auch nach Hannover. Von 1957 bis 1967 wurden neben Ackergeräten auch Panzerspähwagen für die Wiederbewaffnung gefertigt – stets hat die Hanomag Schwerter und Pflugscharen geschmiedet, vom Frieden und vom Krieg gelebt.

Seit damals hat das Werk viele Eigentümer kommen und gehen gesehen – auf *Rheinstahl* folgte der kanadische Konzern *Masey Ferguson*, dann stürzte der Industriespekulant Horst Dieter Esch die Hanomag in den Konkurs, bevor sie zwei Straßenbauunternehmer aufkauften. Jetzt wollen japanische Investoren bei der Hanomag einsteigen. Nur noch 120 000 Quadratmeter der Hallenfläche nutzen die derzeitigen Besitzer heute für ihre Produktion – genausoviel Platz haben sie an andere verkauft oder vermietet. Unter dem Fischgrätmuster der Dachfensterreihen verfolgt das Landesamt für Immissionsschutz Umweltsünder, arbeitet eine Firma für Spezialkabel und sammelt der Förderverein für ein Industriemuseum Exponate der hannoverschen Industriegeschichte.

In der Nachbarschaft der alten Waschkauen, wo sich früher Zehntausende von Arbeitern das Maschinenöl vom Körper wuschen, hat sich die Künstlergruppe *Unternehmen Strousberg* niedergelassen – eine Kooperative von Malern, Theatermachern, Bildhauern und Jongleuren. Ihr Name erinnert an den früheren Hanomag-Mogul und seine hochfliegenden Pläne. Gegenüber dem alten Verwaltungsgebäude pauken die angehenden Juristen der Universität Hannover ihre Paragraphen. In einem eigenen Gebäude auf dem Werksgelände haben auch die echten Derricks und Schimanskis, die Beamten der Kriminalpolizei, ihre Büros.

In Halle 1, der *U-Boot-Halle*, die ursprünglich in Wilhelmshaven stand und erst nach dem Krieg zerlegt und nach Hannover geschafft wurde, schufteten Werftarbeiter während des Zweiten Weltkriegs für die deutsche Marine. Die Größe dieser Halle ist überwältigend: 24 Meter Höhe und 24 000 Quadratmeter Grundfläche mißt die Stahlkonstruktion. Heute schwitzen die Leute dort nur noch beim Tanzen. Das Disco-Zelt des *Musikzirkus* (das bisher auf dem Schützenplatz stand) hat hier einen Platz gefunden. So groß ist die Halle, daß selbst ein Zirkuszelt darin verloren aussieht. Die bis zu 4000 Besucher pro Abend ahnen unter dem Zeltdach nichts von der schwindelerregenden Höhe außerhalb, wo Eisentreppen bis hoch unter die Dachhaut dieses Industriedomes führen.

Frühschicht in der Traumfabrik

Auch Julius Sommer und seine Kollegen arbeiten in der Hanomag – ihr Gewerbe sind Träume. In dem Fabriktrakt am Anfang der Hanomagstraße arbeiten sie als Lagerverwalter der Phantasie: dort ist das Magazin des hannoverschen Staatstheaters untergebracht.

Seit vier Jahren ist in dem Trakt entlang der Göttinger Chaussee auf 12 000 Quadratmetern und in vier Etagen versammelt, was zuvor auf die verschiedenen überquellenden Lager in der ganzen Stadt verteilt war. Seitdem haben es die Requisiteure leichter, ihren Fundus zu ordnen. Die Fahrer mit ihren Möbelwagen müssen nicht mehr kreuz und quer durch Hannover kurven, um die Spielstätten zu beliefern, und sich dabei mit zugeparkten Einfahrten herumärgern. Auf dem Hof hinter der Hanomagstraße können sie ihre langen Anhänger in einen garagengroßen Aufzug rollen, in den oberen Stockwerken werden die Kulissen und Prospekte nur noch hineingeschoben.

Die kompletten Bühnenbilder von 35 Opern und 20 Schauspielen aus dem festen Programm des Staatstheaters warten unter dem Hanomag-Dach auf ihre nächste Vorstellung. Numeriert und geordnet, steht hier, in Einzelteile zerlegt, was auf der Bühne wieder zu Wagners Hügellandschaft oder Beethovens Gefängnishof, Mozarts Türkenschloß oder Verdis Pyramiden zusammengezimmert wird.

„Wenn ihr euch mal umschauen wollt, nehmen wir besser den Wagen, sonst wird das ein langer Marsch“, warnt Julius Sommer. Lautlos gleitet sein gelber Elektrokarren wie ein fliegender Teppich den endlosen Gang entlang. Rechts und links beherbergen schwere Regale das Arsenal der Träume. Sofas und Sessel aus allen Stilepochen, Tische aus Holz, Glas und Marmor, Vorhänge in allen Farben des Regenbogens, Kronleuchter und Kerzenständer, Lampenschirme und Neonstrahler, Himmelbetten und Feldbetten, römische Liegen und japanische Strohmatten – kein Interieur der letzten zweitausend Jahre, das sich mit den hier gesammelten Möbeln nicht zusammenstellen ließe.

Weiter den Gang hinunter liegen Hellebarden und Schwerter, Lanzen und Streitäxte, Holzkeulen und Säbel, Degen und Stilette in den Fächern, dahinter parkt eine Reihe Rollstühle, vom holzgeschnitzten Gefährt mit Speichenrädern aus dem vergangenen Jahrhundert bis zum neuesten Leichtmetallmodell von der letzten Behindertenolympiade.

Während einer Aufführung dient all dies nur als Hintergrund für die Kunst der Sänger und Schauspieler. Doch bevor der Applaus erklingt, wirken viele Hände am Erfolg der Inszenierung mit. Das Staatstheater ist Hannovers größter Handwerksbetrieb. Tischler und Tapezierer, Dreher und Dekorateure, Bildhauer und Buchbinder, Schlosser und Schneider, Maurer und Maler, Sattler und Schuhmacher, Zimmerleute und Raumausstatter, Drechsler, Fräser und Polsterer – die Arbeit von 270 Handwerkern steckt in dem Bühnenbild, das der Theaterkritiker nach der Premiere im vorletzten Absatz seiner Besprechung mit zwei, drei Sätzen würdigt. Es gibt sogar Berufe, die nur noch durch das Theater weiterleben. Sechs Schwertfeger und Harnischmacher, die den Rittern ihre glänzenden Rüstungen verpassen, arbeiten noch in der Bundesrepublik – fünf in Bayern und einer an Hannovers Bühnen.

Schnürboden über dem Kulissenhimmel, Oper

Auf der obersten Etage des Kulissenlagers, unter den Reihen alter Fabrikdachfenster, stapelt sich alles, was unten nicht in die Ordnung der Regale paßt – eine Sammlung kurioser Einzelstücke, die nur einmal auf der Bühne standen. Da parkt ein Krankenhausbett neben der Ballongondel, der Eisschrank aus den dreißiger Jahren wartet hinter einem Grabstein, ein schwarzer Sarg lehnt an einer Musikbox und vor der Nähmaschine schlottert ein klappriges Gerippe.

Die Illusionen aus Sperrholz und Karton, die Julius Sommer im Lager hütet, werden vom Schnürboden der Oper heruntergelassen und mit Zauberlicht zum Leben erweckt. Verborgen wie unter dem Hanomagdach liegt auch hier eine Welt, in die kein Zuschauer je einen Blick wirft.

Eine Frühschicht steht heute auf dem Programm. Um elf Uhr vormittags soll für Schulklassen der *Freischütz* gegeben werden. Ab morgens um neun herrscht ein reges Kommen und Gehen am Bühneneingang des Opernhauses. Getränkelieferanten in blauen Kitteln schleppen Bier- und Mineralwasserkästen hinein, Tenöre und Soprane begrüßen einander im Brustton kollegialer Herzlichkeit. Die Traumfabrik Oper öffnet ihr Werkstor.

Mit einem Lift geht es hinauf in den Kulissenhimmel unter dem Operndach. Auf fünf Galerien verteilen sich die Scheinwerferbatterien, die über Stahlbrüstungen hängen und ihre Kegel und Kreise aus Licht hinab auf die

Bühne werfen. Wie Orgelpfeifen stehen sie da, auf diesem Instrument zaubern die Beleuchter alle Tageszeiten und Stimmungen herbei, von der zarten Dämmerung über die gleißende Mittagssonne bis zur zwielichtigen Vollmondnacht. Ganz oben, rund 23 Meter über den Köpfen der Sänger, laufen die Schnüre, an denen die Kulissen und Prospekte hängen, zu den elektrischen Winden, die in Sekundenschnelle jeden gewünschten Hintergrund auf- und absurren lassen.

Ein Dickicht der Seile läuft hier zusammen, das jede Bewegung dort unten zu steuern scheint. Wie in einem Marionettentheater hängt der unsichtbare Boden der Oper voller Fäden, als könnte ein Riese an ihnen ziehen und die Puppen im Guckkasten dort unten singen und tanzen lassen. Ein Bühnenarbeiter nimmt aus dem Handfunkgerät die Regieanweisungen von unten entgegen und dreht einen Scheinwerfer in die gewünschte Richtung. Während der Vorstellung hält sich allerdings dort nur selten jemand auf – dann ist es über der Bühne nicht nur heiß, sondern auch stockdunkel. Gesteuert werden die Anlagen in diesem ‚technischen Betriebsraum' von einem Maschinenstand aus.

Direkt unter dem Dach führen knarrende Holzstege über die Seilzüge des Schnürbodens. Nur gebückt kommt ein Erwachsener hier vorwärts, tief unten leuchten die Bühnenbretter im hellen Licht. Über dem Kopf findet sich eine gewaltige, meist geschlossene Dachluke. Allerdings soll die Öffnung keine schöne Aussicht bieten, sondern bei den im Theater gefürchteten Bränden auf der Bühne für den Druckausgleich sorgen. Bei einem Feuer nämlich schützt zwar der eiserne Vorhang den Zuschauerraum vor den Flammen. Doch durch die Hitze würde sich die Luft gewaltig ausdehnen und den Bühnenraum schließlich explodieren lassen, könnte man nicht durch die Dachluken den Druck entweichen lassen.

Brandgefahr war es auch, die ursprünglich den Anlaß zum Bau des Opernhauses an der Georgstraße bot. Die alte Spielstätte, ein barocker Bau, lag im Leineschloß und wurde vor 300 Jahren eingeweiht. Doch der Bau am Ostflügel der Welfenresidenz litt unter einem schweren Geburtsfehler. Seine Bühne lag zur Leinstraße, der Zuschauerraum dagegen grenzte ohne zentralen Ausgang direkt an den Fluß. Bei einem Feuer und der zu befürchtenden Panik wären die Besucher wie in einer Mausefalle gefangen gewesen.

Laves, der königliche Oberbaurat, wollte 1816 den gesamten Innenausbau umdrehen und Bühne und Logen die Seiten wechseln lassen. Doch dafür fehlte das Geld. Erst 1843 beauftragte König Ernst August seinen Baurat mit dem Entwurf eines neuen Hoftheaters, sieben Jahre später wurde es unter Ernst Augusts Nachfolger Georg V. eröffnet. Der klassizistische Bau aus Deistersandstein – geliefert vom Hanomag-Urahn Egestorff – war nach seiner Grundfläche damals das größte Theater Deutschlands. Der Platz an der Georgstraße, wo noch fünfzig Jahre zuvor Gräben und Wälle die alte Stadt eingeschnürt hatten und nun ein breiter Prachtboulevard entstanden war, schien wie geschaffen für den repräsentativen Bau. Ein Hauch von Paris zog durch die neuen Straßen Hannovers, wo die Wohlhabenden flanierten. Der Volksmund verballhornte diese Parade der Eitelkeit zum *Schorsenbummel*, dabei König Georg V., Namensgeber der neuen Straße, auf gut hannöversch zum *Schorse* umtaufend.

Taubenkot und Nashornvögel

Nicht im Schlendergang gebummelt, sondern im Gleichschritt marschiert wurde an der Lavesallee. Dort, wo Laves die Waterloosäule zum Gedenken an die 3000 in der Schlacht gegen Napoleon gefallenen Hannoveraner errichten ließ, streckte sich ein weiter Exerzierplatz aus. Hundert Jahre später marschierten dort keine Gardeoffiziere mit glänzenden Helmen mehr, sondern erschöpfte Soldaten durch eine besiegte und zerstörte Stadt.

Waren es noch schnurgerade Straßenachsen, die die Stadtplaner des letzten Jahrhunderts wie Schneisen durch die wirren Dachlandschaften der Altstädte schlugen, so galten solche vor allem auf Symmetrie bedachten Straßenanlagen nach dem Zweiten Weltkrieg als verpönt. Die Nazis hatten in ihrer größenwahnsinnigen Monumentalarchitektur – auf dem Nürnberger Reichsparteitagsgelände etwa oder in Berlin – die Symmetrie bis zum Exzeß getrieben: breite Alleen, zu groß für Menschen, die nur noch als Auffahrten für Panzerparaden taugten und deren Linien so schnurgerade gezogen waren, daß die Menschen hier nur noch im Gleichschritt marschieren und in Reih und Glied stehen konnten.

Asymmetrie, Schwünge, Bögen – das waren die neuen Kennzeichen einer neuen Bauphase, die sich nach 1945 bewußt von den Insignien der Nazizeit absetzen wollte. Der Nierentisch ist deshalb keineswegs zufällig zum Symbol der fünfziger Jahre geworden. Auch manche Dächer dieser Zeit – sofern sie nicht reine Notbehelfe waren – tragen diese Handschrift: das schon erwähnte Magis-

Hochhaus am Kröpcke etwa, das Funkhaus des NDR am Maschsee oder zahlreiche Wohnsiedlungen der Nachkriegsjahre. Und auch beim Blick über Hannovers Dächer ist dieser Stil der jungen Bundesrepublik auszumachen: Schwingt sich nicht die Lavesallee – nach dem Krieg neu angelegt – in den Friedrichswall wie der Bogen eines Nierentisches?

Für meine Generation, für die *Kinder des Wirtschaftswunders*, wie Matthias Horx sie nennt, stand der Nierentisch allerdings nicht für die Abkehr vom Dritten Reich, sondern galt als verhaßtes Symbol der Spießigkeiten und Verklemmtheiten, unter denen wir zu Hause gelitten hatten. In unseren ersten eigenen Bleiben – den Wohngemeinschaften – gab es dafür keinen Platz mehr: ab mit dem Gerümpel auf den Dachboden!

Ich erinnere mich noch an das Mietshaus voller Wohngemeinschaften, wo auch ich Anfang der achtziger Jahre hauste, und an sein Dach. Wäsche, die nicht über der Stuhlkante oder im Gemeinschaftsbad trocknen wollte, fand sich zwar auch auf diesem Boden. Doch die penible Benutzerordnung ordentlicher Wohnhäuser war dort oben längst überwunden. Spätestens beim Auseinandersortieren von Socken und Unterhosen fielen die letzten kleinbürgerlichen Eigentumsgrenzen, wenn das zufällige Gemisch aus Koch-, Bunt- und Feinwäsche sein unidentifizierbares Einheitsgrau bekommen hatte.

Wir nutzten die Dachetage als Abstellkammer für Sperrmüll aller Art – herrenloses Strandgut, das eine Welle von endlosen Umzügen dort oben angespült hatte. Defekte Fernsehapparate, Sofas mit invaliden Sprungfedern, ein Puzzle aus unsortierten Schrankwänden unterschiedlichster Herkunft und die Matratzen von längst wieder verschwundenen Mitbewohnern stauten sich im Schummerlicht und boten ein Nest für die Tauben, die durch ein defektes Giebelfenster eingedrungen waren. Dazwischen ächzte die Ventilation, die den Wasserdampf aus den nachträglich eingebauten Duschbädern pumpen sollte und die der Vermieter dem Haus

in einem kurzen Anfall von Mildtätigkeit beziehungsweise zur Erhöhung des Mietstandards spendiert hatte.

Ein Feuerwehrmeister hätte uns alle sofort notevakuiert, wenn er das Chaos unter unserem Dach gesehen hätte. Brandschutzverordnungen und Sauberkeitsfimmel sind die ärgsten Feinde des Bodengerümpels. Alles soll seine Aufgabe und seinen Platz haben – den Rest bringt ein effektiv arbeitendes Fuhramt als Sperrmüll auf die Müllhalde. Für die Erinnerung an vergangenes, nutzlos gewordenes Zeug gibt es ja Museen – und gerade auf deren Dachböden kann man noch so manchen Schatz entdecken.

Das Landesmuseum am Maschpark, 1902 als *Provinzialmuseum* erbaut, beherbergt gleich vier verschiedene Abteilungen: Naturkunde, Urgeschichte und Völkerkunde, dazu noch die Niedersächsische Landesgalerie. Aus Platznot im Haus – nur ein Prozent der Bestände können in den Schauräumen gezeigt werden – nutzen die Naturkundler den Dachboden des Landesmuseums als Magazin. Unter dem Schindelimitat aus Eternit, eingefaßt mit patiniertem Kupfer über der Mitte der Sandsteinfassade, findet sich ein bizarrer Zoo.

In der Mitte der großen Dachpyramide verharrt neben Schakalen, einem Leoparden, Nagern und anderem Getier auch eine ausgestopfte Affenfamilie. Ihre präparierten Felle sind mit einer Zellophanhülle geschützt. An den Wänden, über denen sich die Holzsparren des Dachstuhls zum Viereck schließen, hängt die Geweih- und Gehörnsammlung des Museums. Drohend ragt uns der Kopfschmuck von Reh und Hirsch, Elch und Rentier, Antilope und Steinbock an allen Seiten entgegen.

Manche der Jagdtrophäen haben die Zoologen frei Haus bekommen – die Erben verstorbener Waidmänner schenken solchen Wandschmuck dem Museum, wenn das Lieblingszimmer des Toten renoviert werden soll. Den eigentlichen Schatz des Magazins verbergen Stahlschränke. Sie scheinen auf dem Boden zu stehen, hängen aber ringsum an den Wänden, um den dünnen Fußboden nicht zu belasten, und beherbergen die Kirchhoffsche Vogelsammlung.

Der begüterte Herr Kirchhoff lebte im letzten Jahrhundert und hatte es sich als begeisterter Hobby-Ornithologe in den Kopf gesetzt, alle Vogelarten dieser Erde der Nachwelt als ausgestopfte Dokumente zu erhalten. Auf ausgedehnten Weltreisen mit Zeichnern und Präparatoren sammelte er alles Gefieder, das sich finden ließ. In Gebieten, die heute unter strengstem Naturschutz stehen, durfte er hemmungslos das Gewehr abfeuern und seine Sammelstücke aus den Bäumen holen – darunter viele Arten, die heute bedroht oder schon ausgestorben sind. Zwar dezimierte so auch Kirchhoff die Bestände, doch immerhin aus Forscherdrang und nicht aus jagdsportlichem Ehrgeiz.

Ordentlich nach Art, Herkunft und Abschußdatum sortiert, füllen die Vögel dieser Welt nun die Regale unter dem Museumsdach. Eine nahezu komplette und praktisch unbezahlbare Sammlung. Vom winzigen Kolibri bis zum riesigen Nashornvogel, von der gemeinen deutschen Drossel bis zum exotischen Doppelhornvogel aus Sumatra stehen die Schnäbel stumm und die Flügel steif.

Die geflügelten Tiere wirken unheimlich in ihrer Ruhe. Hitchcocks Film-Vögel kommen mir in den Sinn – die Rache der domestizierten Kreatur am Menschen. „Wenn die jetzt losfliegen würden, könnten wir nur noch zusehen, daß wir die Treppe runterkommen“, bemerkt Dr. Schumacher, Oberkustos der naturkundlichen Abteilung, mit rheinländischer Gemütsruhe. Nichts kann ein zivilisationsgeschädigtes Stadtkind wie mich mehr ängstigen als eine solch geballte Ladung Natur. Die einzigen toten Vögel, die ich je auf einem Dachboden gesehen hatte, waren Tauben – verendet in unserem unsortierten Wohngemeinschaftsmuseum unter einem Lindener Mietshausdach.

5 Mio Schicksale unter einem Dach

Nicht schaurig-schöner Grusel, sondern Schrecken und Wut packt jeden, der einmal einen Blick unter das Dach der Umweltruine Kertess wirft. Diese Firma in der Südstadt hantierte bis zu ihrem Konkurs 1985 unglaublich sorglos und kriminell fahrlässig mit extrem gefährlichen Giftstoffen. Während der angeblich in Australien verstorbene Firmenbesitzer Ulrich Kertess nicht mehr zur Verantwortung gezogen werden kann, hat die Stadt an seiner ‚Hinterlassenschaft‘ schwer zu tragen – große Teile des Bodens in der Firmenumgebung sind restlos ruiniert und müssen kostspielig saniert werden. Unter dem Dach der stillgelegten Firma haben sich zahllose Tauben breitgemacht. Berge von Akten liegen ungeordnet auf dem Dachboden, überzogen mit einer dicken Schicht Taubenkot. Doch es waren keine Vögel, die über Jahre hinweg Hannovers größten Umweltskandal buchstäblich zugeschissen haben.

Andere Gesetzesbrecher kommen nicht jahrelang ungeschoren davon wie der Giftpanscher aus der Südstadt. Für sie bedeutet der Weg zum Amtsgericht einen schweren Gang. 2000 Besucher schreiten täglich durch das Portal und die geschwungene Freitreppe

Taubenkot und Aktenberge, Kertess-Chemie

hinauf, über eine Million jährlich: Angeklagte und Kläger, Rechtsanwälte und Zeugen, Jurastudenten beim Anschauungsunterricht vor Ort und Rentner auf der Suche nach etwas Nervenkitzel in den Zuschauerreihen. Doch die meisten betreten das Amtsgericht mit bangen Gefühlen. Am Volgersweg wird über Menschenschicksale entschieden, über die Zukunft von Kindern nach Scheidungen, über die Strafen für große und kleine Vergehen, über Erbschaften und Schulden, Besitz und Buße.

In der großen Eingangshalle verbreiten die Säulen, Kuppeln, Treppen und Emporen wilhelminischen Prunk. Ehrfürchtig sollten die Gerichtsbesucher Justitia begegnen, so wollten es die Architekten des 1911 eingeweihten Gebäudes. In den Gesichtern auf den Fluren des Gerichts kann man die Leidenschaft lesen, mit der hier jeder um sein Recht ringt. In einer Fensternische wird der Ausgang eines Prozesses erregt diskutiert, eine junge Türkin sucht nervös nach einem Saal, zwei Männer in schwarzer Robe tauschen eilig Akten aus. Die Treppe hinab steigt ein Jugendlicher mit blassem Gesicht und gebügelter Hose, neben ihm ein Justizbeamter mit blauem Hemd. Blanke Handschellen fesseln die beiden aneinander.

Während es auf den Gängen und in der Halle wie in einem Bienenstock geschäftig summt und wimmelt, herrscht oben auf dem Dachboden düstere Ruhe. Mit einer Taschenlampe in der Hand geht der Hausmeister die schmale Holzstiege hinauf und öffnet die eiserne Tür zu einem finsteren, unbekannten Reich.

unendliche Aktenarchive im Amtsgericht

Fünf Millionen Akten ruhen unter den Dachstühlen, die sich um die vier Innenhöfe des Amtsgerichts gruppieren. Endlose Reihen von alten Holzschränken bilden ein kompliziertes Labyrinth, dessen Gänge von funzligen Glühbirnen nur schummerig beleuchtet werden. Die Ziegeldächer über dem Gewirr der Träger und Stützen spannen sich meterhoch und sind von unten kaum auszumachen - nur hie und da fällt ein scharfer Lichtstrahl durch winzige Fenster und schadhafte Ritzen von oben herab.

Das Gebälk einiger Dachstühle zeigt noch die Spuren vergangener Bombennächte. Schwarz verkohltes Holz glänzt im Licht der Taschenlampe, nur in einigen Abschnitten wurde es durch eine Stahlkonstruktion ersetzt. Der Holzstuhl überstand das Feuer des Krieges besser, als Metallträger es könnten. Die wären über einem brennenden Haus schon nach einer halben Stunde geschmolzen und eingeknickt - die Holzbalken dagegen verkohlten zwar von außen, doch ihrInneres wurde gerade so vor den Flammen geschützt und kann deshalb noch heute das Gewicht der Ziegel tragen.

Staubig und trocken steht die Luft hier oben. Handbeschriebene Zettel schauen aus den Papierstapeln in den Regalen hervor und enthüllen Eingeweihten das System ihrer Ordnung. Über hundert Jahre liegen die ältesten Schriftstücke hier schon, Gerichtsurteile, Strafbefehle, Vollstreckungsbescheide - fünf Millionen Schicksale sind hier zu dürrem Amtsdeutsch geronnen und vertrocknet, Namen festgehalten, deren Träger vielleicht längst nicht mehr leben.

Wie lange die Akten hier oben aufbewahrt werden, regeln genaue Vorschriften. Erbscheine bleiben auf Dauer verwahrt, anderes darf nach zehn, dreißig oder fünfzig Jahren aussortiert werden. Sogenannte *Bodenregistratoren* drehen unter dem Dach des Amtsgerichts die Mühlsteine des Justizarchivs. Mit Batterielampen vor dem Bauch huschen sie durch ihr düsteres Schattenreich und sortieren Tag für Tag alte Akten aus und neue ein – im Sommer bei brütender Hitze, im Winter bei Frosttemperaturen. Was auf dem Ende seines Amtsweges angekommen ist, wird mit einem Lastenfahrstuhl vom Dach in den Altpapierkeller befördert, rund 30 Sack monatlich. Doch manche Akte bleibt unsterblich und geht in die Geschichte ein – was nach eingehender Prüfung historischen Wert aufweist, kommt in das Staatsarchiv. Auch die Taten des hannoverschen Massenmörders Fritz Haarmann sind so verewigt worden.

Herbergen ohne Hoffnung

Michael hat niemanden zerstückelt, überfallen und ausgeraubt. Er sieht auch nicht aus wie das lebende Vorurteil vom abgestumpften, tätowierten Knacki aus dem Fahndungsbuch, sondern eher wie der nette Junge von nebenan. Michael, dessen Akte eine von vielen auf dem Archivboden des Amtsgerichts ist, lebt seit 27 Monaten in einer abgeschlossenen Zelle und hat das Dach, so sagt er, „im Kopf". Wie es darüber aussieht, kann er sich selbst in der Phantasie kaum mehr vorstellen.

Michael ist 26 Jahre alt und verbüßt in der Justizvollzugsanstalt an der Schulenburger Landstraße eine Haftstrafe von sechs Jahren und neun Monaten. Ein Drittel davon hat er mittlerweile abgesessen, noch einmal 27 Monate muß er unter dem Gefängnisdach leben, bevor er zumindest als Hafturlauber den Himmel außerhalb der Knastmauern wieder sehen darf.

Michaels Verbrechen entstand ursprünglich aus fehlgeleitetem technischen Interesse: Er war einer der ersten Geldautomaten-Marder in der Bundesrepublik. Ein bißchen Tüftlerstolz schimmert immer noch durch, wenn der junge Häftling im karg möblierten Besucherraum der Vollzugsanstalt über seine Fischzüge berichtet, wie er elektronische Scheckkarten klaute und die Computer der Banken überlistete.

Das Dach, das Michael mehrmals täglich sieht, ist die verglaste Decke des zentralen Lichthofs eines Anstaltsflügels. Auf mehreren Stockwerken laufen die Galerien an den Zellen entlang, unter denen Netze aufgespannt sind, um Selbstmordkandidaten vom Sprung in die Tiefe abzuhalten. Das gleichmäßige Licht fällt von oben herab wie in einer der neuen Einkaufspassagen zwischen Kröpcke und Bahnhof, doch statt der eleganten Auslagen teurer Geschäfte warten nur graue Zellentüren mit Gucklöchern auf die Insassen. Am besten fühlt sich Michael im Knast, wenn der Regen auf das Glasdach prasselt. „Dann hat das Ding wenigstens einen kleinen Sinn," sagt er, „bei schönem Wetter fühlt man sich hier noch miserabler."

Einen Kilometer weiter stadtauswärts liegt eine andere Herberge, die der Normalbürger nicht in seinem Adreßbuch führt: ein hannoversches Obdachlosenasyl. Ein trister Ort – besonders wenn der zu kurze Sommer vorbei ist. Grob faßt der Wind den Bäumen in die Krone, bis sie ihr Laub aus dem Geäst schütteln, und eine Wolkenwand legt sich über die Stadt wie ein ferner Trauerrand. „Wer jetzt kein Haus hat, findet keines mehr", warnte Rilke vor dem Herbst. Am Ende der Schulenburger Landstraße, kurz vor der Autobahn nach Berlin und Dortmund, verbirgt sich das letzte Dach für alle, die kein anderes Haus mehr beherbergen will.

Durch das Autofenster und nur von weitem gesehen, könnte man den verwitterten Bau hinter der Toreinfahrt für ein Sanatorium aus der Gründerzeit halten – genau jene Sorte Gemäuer, die Billigfilmer in den sechziger Jahren für ihre nebligen Spukgeschichten suchten. Doch aus der Nähe verliert sich der romantische Charme. Hinter dem vorderen Gebäude verstecken sich in dem verwilderten Park zwischen den hohen Bäumen zwei weitere Häuser gleicher Größe. Wie verirrte Elefanten stehen die grauen Gemäuer da, kein Lebenslaut dringt aus den kleinen Fenstern ihrer drei Geschosse. Am Eingang des vorderen Hauses hängt ein halb abgebrochenes Schild, *Heim* und *Hannover* läßt sich noch entziffern.

Besuch kommt nur selten durch diese Tür. Auf der Fahrt hierher zuckte der Tankwart die Schultern, als er nach dem Obdachlosenasyl gefragt wurde. Wer hier lebt, findet den Weg allein. Knapp sechzig ‚Personen ohne ausreichende Unterkunft', wie sie das Bundessozialhilfegesetz qualifiziert, haben an der Schulenburger Landstraße ihre Bleibe und teilen sich die 34 Zimmer – ausschließlich alleinstehende Männer. Für Familien gibt es andere Quartiere in Hannover. Nur das Eingangsgebäude ist derzeit belegt, die beiden hinteren Häuser sollen renoviert werden und das Asyl vergrößern. Wieder hergerichtet, werden sie den Besuchern sogar den Luxus funktionierender Duschen bieten – im jetzt belegten vorderen Gebäude sind diese außer Betrieb.

Seit 1643 besaß Hannover ein städtisches Armen- und Waisenhaus. Der reiche Kaufmann Johann Duve, finanzkräftiger Baumeister der Calenberger Neustadt, stiftete das erste Asyl der Stadt und nutzte die billige Arbeitskraft der Bedürftigen in seinen Handelsunternehmen. Als 1824 die Alt- mit der Neustadt vereinigt wurde, stieg der Bedarf an Notunterkünften. Im Gasthof *London-Schänke* richtete der Rat ein Lager ‚zur Aufnahme verarmter Bürger' ein. Um die Jahrhundertwende entstand schließlich eine weitere Anlage an der Schulenburger Landstraße – damals noch die Chaussee von Hannover nach Engelbostel – in einem 165 Hektar großen Tannenforst.

Ursprünglich als soziales Bindeglied zwischen Armenhaus und Hospital gedacht, sollten hier mittellose Pflegebedürftige Unterkunft finden. In den als Frauen- und Männerhaus konzipierten hinteren Gebäuden verzeichnet der Grundriß aus der Entstehungszeit große Schlafsäle für *Unreine*, wie die Bettnässer umschrieben wurden. Während des Dritten Reichs als SS-Lager ‚zweckentfremdet', kommen hier seit Ende der sechziger Jahre obdachlose Männer unter.

Diese Bleibe verdanken sie nicht etwa barmherzigen Anwandlungen des Gesetzgebers. Rechtlich gesehen, stellen Menschen ohne Dach über dem Kopf eine ‚Störung der öffentlichen Sicherheit und Ordnung' dar, die die Kommune als Sozialhilfeträger beseitigen muß. Das trockene Juristendeutsch kann den Menschenschicksalen nicht gerecht werden. Viele Wege führen hierher.

Der Kreislauf, in dem die unfreiwilligen Aussteiger zwischen Gefängnis, Psychiatrie, Krankenhaus und Sozialamt pendeln, endet im Asyl. Denn die anderen karitativen Einrichtungen beherbergen sie nur für eine begrenzte Zeit. Viele ziehen gerade deshalb herum, weil in jeder Stadt eine neue Aufnahmefrist beginnt, neue Ansprüche auf Hilfe bestehen. Manche Gemeinde steckt den Pennern eine Fahrkarte zum nächsten Ort zu und hält sich so die Sozialfälle vom Hals. Ganz unten, im Obdachlosenasyl, finden der eine oder andere am Ende einen bescheidenen Ruhesitz. Hier gibt es kein Taschengeld, sondern den vollen Sozialhilfesatz, mit dem die Männer sich in den Gemeinschaftsküchen selbst verpflegen können. Viele bleiben jahrelang hier.

Zukunft der Dächer

Wenn kleine Kinder vom eigenen Dach träumen und ein Haus malen, zeichnen sie ein Dreieck auf einem Viereck: der Giebel eines Satteldachs auf geraden Wänden. So sieht es bis heute aus, das Urdach, mit dessen Vorstellung wir alle aufgewachsen sind, die wir dann ein Leben lang in uns tragen. Selbst in den ungeschicktesten Kritzeleien hat dieses Kinderhaus noch ausgewogene Proportionen. Nur wenn das Dach schützt, ohne zu erdrücken, das Haus darunter sicher sitzt, ohne in den Himmel zu ragen, halten sich oben und unten die Balance.

Auf Hochhäusern sähe ein solches Satteldach lächerlich aus, ein kitschiger Kopfschmuck ohne Sinn und Funktion. Das Bredero-Hochhaus hinter dem Hauptbahnhof beispielsweise trägt sein schiefes Pultdach wie ein Alibi gegen die Mittäterschaft beim Tod der Dächer. Seit die Industrialisierung auch die Bautechnik revolutioniert hat, seit Stahl und Beton die Grenzen der Statik gesprengt und die kühnsten Konstruktionen möglich gemacht haben, ist die Selbstverständlichkeit vom Haus mit Dach problematisch geworden, beider Gleichgewicht gestört. Hannover erging es nicht besser als vielen anderen Städten, deren Bewohner nicht das Glück hatten, sich wie in Paris unter den alten Dächern für die Zukunft einrichten zu dürfen.

Nicht erst der Krieg hat die Zukunft der Dächer in Frage gestellt und ihre Vergangenheit vernichtet. Nichts als Plunder und Zierat war das alte Dach für die Baumeister der Moderne, die mit dem Ballast der Vergangenheit aufräumen wollten. Le Corbusier, der Purist unter ihnen, schnitt die Giebel ab wie alte Zöpfe und baute viereckige Häuser ohne Spitzen obendrauf. „Ein einziges Baumodell für alle Länder, alle Witterungen, alle Klimazonen" wollte er schaffen. In den zwanziger Jahren störte sich der Volksgeschmack an diesen kubischen Bauten und verteufelte sie als ‚häßliche Kisten'. Den Nazis galt das *Flachdach* als ungermanisch: die von Taut,

Gropius, Scharoun, Mies van der Rohe und Le Corbusier entworfenen Häuser der Weißenhofsiedlung in Stuttgart verpönten sie als ‚arabisch'.

Heute, in der Ära der Postmoderne, kann von einer dominierenden Stil- oder Denkrichtung in der Architektur keine Rede sein. Postmoderne Verspieltheit, Neue Sachlichkeit und Regionalismus stehen sich traut gegenüber. ‚Alles, was Spaß macht' - das heißt Gauben und Türmchen, Flachdächer und Scheddächer, aus Wellblech oder Schiefer, Dachterrassen, romantische Erker oder bloße Zierbalkons. Alles ist erlaubt im Trend.

Doch auch der Rückgriff auf vergangene Stile und ihre Wiederbelebung als – ironisch oder ernst gemeintes – ‚Zitat' kann das Dilemma der Dächer nicht beseitigen. Heute sieht man ihnen nicht mehr an, was unter ihnen vorgeht. Burg und Schloß, Kathedrale und Bauernhaus ließen sich in früheren Jahrhunderten schon von weither identifizieren – ihr Dach war ihre Visitenkarte. Heute sehen Kirchen aus wie Feuerwehrschuppen, Hallenbäder wie Konzertsäle und Museen wie Parkhäuser. Die Einheit zwischen Form und Funktion scheint dahin.

Auch der Zusammenhang zwischen den Dächern und der heimischen Region ‚den sich nur wenige unserer Urlaubsreservate bewahrt haben' ist hierzulande verlorengegangen. In der Toskana nehmen die ‚Mönch und Nonne' genannten ineinandergreifenden Ziegel die erdigen Töne des Bodens, aus dessen Lehm sie gebrannt wurden, wieder auf. Die Schieferdächer der Bretagne tragen die Farben der nordfranzösischen Täler und Wälder, aus deren Steinbrüchen sie gewonnen wurden. Früher deckte man die Dächer mit dem Material, das die umgebende Natur hergab, und ließ sie so zum Spiegel der Landschaft werden.

Das Zeitalter des internationalen Warenverkehrs hat damit Schluß gemacht. Eine Neubausiedlung in Helsinki sieht nicht viel anders aus als eine in Lyon, und in den Fertighaussiedlungen Hannovers steht die Fischerkate von der Nordsee neben der Almhütte aus den Alpen, alles aus dem gleichen Katalog bestellt. Und statt gebrannter Ziegel, die im Lauf der Zeit Patina ansetzen, decken sich immer mehr Häuser mit Betondachsteinen ab: zwar ziegelrot gefärbt, doch völlig gleichfarbig, nicht wie eine verwitterte Haut die Mauern behütend, sondern auch noch nach Jahren häßlich glänzend wie frische Halbbitter-Schokolade.

Hier der sentimentale Regionalismus der Beliebigkeit, dort oft gesichtsloser Funktionalismus der Moderne: zwischen diesen beiden Polen irrt die Suche nach der Zukunft der Dächer hin und her. Mittendrin gibt es jedoch auch alternative Ansätze, ökologische Gegenentwürfe zur tristen Wirklichkeit. Mit dem Bewußtsein von der ökologischen Krise entstanden in den letzten fünfzehn Jahren Ansätze einer neuen Vernunft.

Vielleicht war die architektonische Orientierungslosigkeit der Grund, warum Hannovers Ökosiedlung *Laher Wiesen* so spektakulär in die deutsche Baulandschaft einschlug. Seit 1984 erhielt diese aus über 80 Reihenhäusern bestehende Öko-Siedlung zahlreiche Architekturpreise und war lange Deutschlands meistpublizierte und besuchte Siedlung – ihrer Dächer wegen. Denn Blick-

Selbst die Kleinsten Dachzwickel sind genützt

fang der Siedlung sind die Grasdächer, die angesichts unserer zubetonierten Umwelt einen fast exotischen Eindruck hinterlassen – Symbol der Flucht vor PCB, Formaldehyd und radioaktiven Keramikfliesen. Als Versuch, in Selbsthilfe und unter Verwendung ökologischer Baustoffe die Gesetze der Natur auf friedvolle und verträgliche Art für gesundes Wohnen zu nutzen, sorgt das Grün auf dem Dach nicht nur für sparsamen Energieverbrauch und ein besseres Raumklima, sondern tritt auch – von weitem sichtbar – in einen Dialog ein mit den Wiesen der Umgebung.

Aber auch ein ökologisches Haus, und mag es noch so sehr mit Holz, Lehm oder Kork gebaut sein, ist trotz seines Anspruchs ein Eingriff in die Natur und die natürliche Umwelt. Versuche, bestehende Bausubstanz umzunutzen, sind ökologisch vielleicht wirksamer als die Signalwirkung von einzelnen Ökohäusern oder gar Siedlungen. Denn hier liegen die Ansätze zu einer alternativen Umnutzung und Energieversorgung unserer Städte, zu einer bitter notwendigen Durchgrünung von Asphalt und Beton.

Auch hier setzte ein Hausdach in Hannovers Oststadt bundesweit ein Signal. Als 1973 eine Käufergemeinschaft von Jungakademikern ein völlig verwahrlostes bürgerliches Mietshaus aus dem Jahre 1898 in der Ostwender Straße erwarb, ging es, neben billigem Wohnraum, zunächst um einen aktiven Beitrag zur Denkmalspflege. Das Haus war zum Abruch freigegeben, und nun wollten die neuen Hausherren und -frauen zeigen, was man aus einem Haus machen kann, das ‚abgeschrieben' ist.

Das Wohnen unterm Dach bietet neue Perspektiven

Das Dachgeschoß im Haus Ostwender Straße 3 demonstriert überzeugend die Möglichkeiten alternativer städtischer Wohnformen und neuer revolutionärer Energienutzung. Über der Oststadt entstanden zwei 10-qm-große Dachterrassen, ein Wintergarten, ein Gewächshaus, in dem Tomaten, Kiwis und Wein gezogen werden. Und natürlich wertvoller Wohnraum. Die Energieversorgung des Dachgeschosses ist ‚kostenlos'. Feststehende und nachführbare Solarzellen und ein kleines Windrad produzieren genügend Gleichstrom, um die gesamte Beleuchtung des Dachgeschoßes, Kühlschrank, Radio, Fernseher und Kaffemaschine autark mit Strom zu versorgen. Zusätzlich betreiben die kleinen Kraftwerke auf dem Dach auch noch die Pumpe für den Warmwasserkreislauf der Heizung, die in diesem Haus nicht nur Wärme, sondern auch Strom produziert. Auch diese Heizung gilt als richtungsweisend in der Bundesrepublik.

Denn im Keller des Hauses produziert kein Brenner, sondern ein gasbetriebener Ford-Escort-Motor die Wärme (die Heizkörper fungieren quasi als Kühlersystem des Motors). Ganz nebenbei produziert die in einem Schallschutzgehäuse versteckte Energiebox per Generator noch zwölf Kilowatt Strom. Das ist zwei- bis dreimal so viel, wie die Bewohner des Hauses selbst benötigen. Den überschüssigen Strom speisen sie gegen (leider zu geringes) Entgelt ins öffentliche Netz.

Aber nicht nur als Experimentierfeld für Öko-Architektur ist das Dach in den letzten Jahren wiederentdeckt worden. Ungenutzten Wohnraum gibt es dort zu finden – eine kost-

Blick vom Turm der Kreuzkirche über die Altstadt

bare Ware in Zeiten steigender Mieten. Entrümpelt und zum Studio mutiert, versehen mit Wintergarten oder Terrasse, neu gedeckt und isoliert, verglast, holzverschalt, kaminbefeuert oder zentralgeheizt: ganze Armeen von Hand- und Heimwerkern machten sich in den letzten Jahren dort oben zu schaffen. Wer konnte, richtete sich unter dem Dach neu ein. Nicht der Phantasie, nur dem Geldbeutel sind beim Ausbau der obersten Etage Grenzen gesetzt. Doppelgeschosse, Emporen, Dachterassen, Schlafnester - kein anderes Stockwerk erlaubt so viele Varianten wie der Raum unter dem Dach.

Hatte die Mansardenwohnung (benannt nach dem französischen Architekten Francois Mansart, der die steilgestellten Dachschrägen zunächst für Schlösser entwickelte) in früheren Zeiten den Geruch des Billigen, Notdürftigen, Ärmlichen, so gilt heute das Wohnen unter dem Dach als schick. Die Probleme, die früher den Dachbewohnern ihre Bleibe verleideten - ständige Wasserschäden duch Undichtigkeiten, Hitze im Sommer, Kälte im Winter - sind heute (moderner Technik sei Dank) weitgehend gebannt. Nur ein Wermutstropfen: PCB-Rückstände aus unbekümmertem Einsatz von Holzschutzmitteln halten sich hier oben besonders hartnäckig. Trotzdem, es hat sich die Erkenntnis durchgesetzt, daß diese Pufferzonen des Sperrmülls mit relativ wenig Aufwand in wertvollen Wohnraum umzuwandeln sind. Dort, wo zur Jahrhundertwende Dienstmädchen und Haushälterinnen, die armen Poeten und die Bohème in beengten Zimmerchen hausten, liegen heute die begehrtesten Angebote des Wohnungsmarktes.

Seitdem der Zustrom von Aussiedlern aus Osteuropa die lange Zeit verdrängte Wohnungsnot ins Licht der Medien gezogen hat, haben auch die Stadtplaner die billigste Baulandreserve entdeckt: die Dachböden. In Ahlem beispielsweise läßt das Bauunternehmen *Gundlach* von Architektenbüros die Dachgeschosse von Sozialwohnungen ausbauen - zehn bis 20 Prozent billiger als der einfachste Neubau. Behörden und Ämter erleichtern die baurechtlichen Bestimmungen, die Feuerwehr macht beim Brandschutz Abstriche, die Denkmalschützer lassen mit sich reden - unter den Dächern tut sich wieder etwas.

ein riesiger Dachgarten über einer Eisenhandlung

Daß bei der Wiederbelebung der Dachstuben sich am Ende das private Glück im stillen Winkel zum neuen Biedermeier einrichtet, ist nicht nur Schuld der Bewohner. In unseren Breiten schließen sich die Dächer nach innen und verbergen mehr, als sie zeigen. Das ist nicht überall auf der Welt so. Die ‚Gastarbeiter' aus Griechenland oder der Türkei, die in Hannover leben und arbeiten, kennen aus ihrer Heimat ganz andere Dächer.

Auf den Inseln des östlichen Mittelmeeres tragen die weißen Häuser Flachdächer über ihrem Mauergeviert, die als Terrassen genutzt und auf denen gelebt, geredet, gegessen und getrunken wird. An den Hängen und Hügeln bilden Hunderte dieser Einraumhäuser, gegeneinander versetzt, die geschlossene Bebauung solcher Ortschaften. Vielfältig verwinkelt und durch Außentreppen und Innenhöfe miteinander verbunden, öffnen sich die Dachterassen zum Himmel und bieten nach der Tageshitze am Abend Platz zum Beisammensein von Familien, Nachbarn und Freunden. Der wenige Regen, der hier fällt, wird vom Terrassenboden aufgefangen und nach außen in eine Zisterne abgeleitet. Le Corbusier hatte die griechischen Inseln schon als junger Mann bereist und wollte diese Art von bewohnten, belebten Dächern mit den Möglichkeiten modernen Bauens nach Mitteleuropa verpflanzen. *Toit-terrasse*, Dachterrasse, nannte er sie wie selbstverständlich. Später wurde das Flachdach zur Ideologie, die Idee geriet zum Standard, zum kalten *Toit plat*, einer Betondecke, die sich nicht einmal zum Trocknen der Wäsche eignete.

Schon 1830, hundert Jahre vor Corbusier, hatte ein Arzt aus Bückeburg, Leibarzt der Fürstin zu Schaumburg-Lippe, in einem *Beitrag zum Bauwesen* ein flammendes Plädoyer für das flache Dach niedergeschrieben. Für den norddeutschen Aufklärer und Rousseau-Anhänger Bernhard Christian Faust war die Abkehr vom Spitzdach nicht nur eine Absage an die Willkür und den Muff des Absolutismus, sondern auch symbolische Öffnung zum Kosmos und den Gesetzen der Natur. Spitzdächer waren ihm ein Graus, nutzbare Dachterrassen hingegen schon fast pädagogisches Mittel.

„Die Häuser der Menschen sollten statt der Dächer solche ebenen Decken haben, die wasser- und feuerfest sind, Windbrausen und Erdbeben widerstehen, vor dem Blitz des Himmels schützen und auf welchen den Menschen offen ist die Sternenwelt. Die spitzen, hohen Dächer, die aus der ältesten Zeit stammen, sind eine barbarische Erfindung, sie verunstalten die Häuser, die Gebäude und die Städte der Menschen auf die häßlichste und scheußlichste Art. Und: „Die Decken bilden auf den Häusern, auf Städten und Örtern eine Sternwarte und einen großen, offenen Saal, wo – im Sommer oft unter Zelten – die Bewohner des Hauses erhaben über Erdensorgen, über dem Staub und dem Lärm der Straßen fast täglich und stundenlang sind und leben. Wo Menschen oft und häufig zusammenkommen."

Auch bei uns gibt es Versuche, zur ursprünglichen Idee zurückzukehren: die Flachdächer (als schlummernde Baulandreserve) zu nutzen und auf ihnen auch die Vegetation wiederentstehen zu lassen, die der Bau unten auf seiner Grundfläche vernichtet hat. Die Stadtverwaltung schätzt, daß an der Leine mittlerweile Dutzende von Dachgärten existieren – 14 bis 400 Quadratmeter groß, vom kleinen Flachdachstückchen, das mit ein paar Blumenkästen etwas freundlicher gestaltet wurde, bis zu ‚echten' Dachbegrünungen mit kostspieligen Erdaufschüttungen.

Das Spitzdach braucht jedoch dem Flachdach keineswegs geopfert zu werden, wie es sich der Gelehrte Faust noch wünschte. Ökologisch sinnvoll ausgebautes Spitzdach und begrüntes Flachdach schließen sich nicht aus. Im Gegenteil, sie ergänzen einander hervorragend: als eine Wohnform der Zukunft. Über den Dächern einer Halbmillionenstadt zu leben, ist ein Privileg, das vor allem Maler in ihren Ateliers schon früher zu schätzen wußten. Aber dort oben ist es nicht nur hell. Die Wolkenlandschaft, von der man in den engen Straßenschluchten nur kleine Ausschnitte sieht, entfaltet sich dort oben zum vollständigen Gemälde. Horizonte werden wieder sichtbar. Wer sogar noch über eine begrünte Dachterrasse verfügt, lebt unter dem Dach fast wie auf dem Lande und doch mitten in der Stadt. Und nachts kann man vom Dach aus die Milchstraße sehen – wenn es nicht gerade regnet.

Udo Iwannek

Geburtstagsfeier im 4. Stock, Altbau in Linden

Stadtsilhouette und Arbeitsmodell der Stadt in der Modellkammer des Bauordnungsamts

Blick von der Martinskirche auf eine verunglückte Skyline

Innenstadt zwischen Leineufer und Stadthalle

Zwischen den Dachhäuten der Stadthallenkuppel

Die Nanas unter einem Reparaturdach – ansonsten sind sie obdachlos.

Blick aus dem Ballettübungssaal der Oper

Landtagspräsident Edzard Blanke in der Dachkonstruktion über dem Plenarsaal

Oberbürgermeister Herbert Schmalstieg im Kuppelumgang des Neuen Rathauses

Hannover - Stadt im Grünen - von der Marktkirche gesehen

Kreuzfahrt mit dem Maschseedampfer

Christiane, Christian und Marlene nach ihrem Ja-Wort
auf dem Dach des Standesamts, Altes Rathaus

Blick vom Hochhaus der Universität über Nordstadt und City

im Turm der Martinskirche, Lindener Berg

Im Dachstuhl der Marktkirche fände eine zweite Kirche Platz.

auf dem Turm der Marktkirche

Blick vom Turm der Bethlehemkirche über Linden-Nord

Koranschülerinnen – vor der Kamera des fremden Fotografen noch ein wenig schüchtern.

Die Moschee am Weidendamm ist das größte moslemische Gotteshaus Norddeutschlands.

Norddeutschlands größtes Sarglager befindet sich in Davenstedt

Vergessene Wilhelm-Busch-Büste auf dem Dachboden seines Museums im Großen Garten

der alte Paukboden im Corpshaus einer „schlagenden" Studentenverbindung

Geistervogel des „Scharniertheaters“ im Lister Turm

In einem Hinterhofschuppen der Nordstadt probt die Gruppe Tierra Flamenco-Tänze.

Sabine Horn, seit ihrer Geburt spastisch gelähmt, hat sich mit Lyrik und Prosa einen Namen gemacht, Annastift.

Musikstudenten proben auf dem Dach der „Schnecke“
in der Musikhochschule

Mediothek der Stadtbücherei am Aegi

Über eine Million Watt erhellen im Pornostudio von Teresa Orlowski selbst Intimstes

Achim, Filmvorführer in Deutschlands höchstem Kino im Anzeiger-Hochhaus

mit dem Ballon über die Dachlandschaft der Oststadt

Leine, Flohmarkt, Landtag und die Altstadt Hannovers

Unter dem Dach des Wangenheim-Palais lagert das Wirtschaftsministerium seine Personalakten

Paketpostamt – 22. Dezember – automatisches Förderband des Weihnachtsmannes

Fassadenreinigung an der Hauptpaketpost

Schornsteinfegermeister Boos über den Dächern Lindens

der Dienstweg des
Schornsteinfegers über
die Dächer

Reinigungskorb auf der Spitze des Kraftwerksschornsteins – in 126 Meter Höhe gehört Fernsicht zum Alltag.

Die „3 warmen Brüder,"
Hannovers höchste
Gebäude

mit einem Reinigungs-
Korb geht's auf die
Spitze des Schornsteins

Aus der Vogelperspektive
wirkt Hannovers City
wie ein hohler Zahn.

Fernmeldetechniker auf einer Antennenplattform des Postturms

Chinesisches Schattenboxen auf dem intensiv genützten Flachdach des „Baukasten"-Wohnprojekts, Nordstadt

Jahrhundertwende contra Bauboom der 60er Jahre

moderne Dachlandschaft über schönen Innenhöfen in der Hauptverwaltung der Ev. Kirche Deutschlands

Messehalle im Wartestand – bis zur nächsten Hannovermesse unter Plastikbezügen.

Großbaustelle auf dem Messegelände - Notdach für das kleine Bedürfnis.

Springertraining im Stadionbad

Ankunft im gelobten Land: eine DRK-Garage dient als Auffanglager für Aussiedler aus der Sowjetunion.

Rettungsübung am Schlauchtrockenturm
Feuerwache 3 in der Südstadt

Der Traum vom selbstbestimmten Leben in der …

Kofferfabrik auf dem Sprengelgelände – immer im Balanceakt zwischen Räumung und Nutzung.

erste Schritte zu einer neuen Dachwohnung

aus ungenützten Dachböden entstand wertvoller Wohnraum – Wohngemeinschaft in der Oststadt

Die Grasdächer der ‚Laher Wiesen' wirken angesichts unserer zubetonierten Umwelt fast exotisch.

Unter den Grasdächern der Reihenhaussiedlung – Wohnen ohne Angst vor PCBs und Formaldehyd.

Herbstgras auf den Dächern der Siedlung

Wohnlandschaft in einem Reihenhaus der „Laher Wiesen"

Ökologisches Wohnen unter einem Stadtdach, Oststadt

Ostwender Str. 3 – Windrad und Solarzellen sorgen für elektrischen Strom im Dachgeschoß.

Gemäldearchiv des Historischen Museums

Prinz Ernst August von Hannover im Welfenmausoleum

Die Exoten des Großen Garten überwintern heute nicht mehr in der Orangerie sondern in einem Palmenhaus.

Baumdach im Georgengarten

Dieter („Wer stellt schon einen Epileptiker ein?") lebte 17 Jahre im Obdachlosenasyl an der Schulenburger.

obdachlos – nur das Blätterdach bietet ein wenig Schutz

Schütteltest auf dem Schützenfest

Zirkus Roncalli – Schutzzelt unterm Zirkusdach

Diplomantinnen in den Zeichensälen im aufgestockten Dachgeschoß der Architekturfakultät

Blick über die Dächer Lindens bis hin nach Empelde

in einem Laufkran des Preßwerks im Volkswagen-Werk

Roboterstraße für VW-Transporter im Volkswagen-Werk

Jamil, Maschinenbaustudent aus Indien, in seiner Bude

Unter dem Dach von Hannovers Sexwelt beginnt der Alltag mit einem deftigen Frühstück um zwölf

Verladehalle des Hauptgüterbahnhofs

in der Gießerei des Ausbesserungswerks Leinhausen

Bahnbetriebswerk
und Stellwerk an der
Bültstraße

Frühstückspause im Ausbesserungswerk Leinhausen

... und hinter der Stellwand geht's weiter mit Skat.

ein Prost in der Trinkhalle am Küchengarten

Straßenbahnbetriebshof der Üstra in Linden

Dachlandschaft am Lichtenbergplatz in Linden

Café-Bar Rotonda in der kleinen Kröpcke-Passage

Michael, Häftling in der zentralen Schließhalle der Justizvollzugsanstalt – 6 Jahre leben im Knast.

Fünf Millionen Akten verstauben im Dachlabyrinth des Amtsgerichts.

Aktenberge und Taubenkot unter den Dächern der ehemaligen Kertess-Chemie, Südstadt

Dachdeckermannschaft in der Südstadt

Lehrlingswerkstatt der Hanomag in einer altgedienten Werkshalle

Lagerverwalter der Phantasie

Kulissenlager des Staatstheaters in der Hanomag

Montagehalle für Baumaschinen in der Hanomag

Das gasbefeuerte Kesselhaus ist seit Bestehen das Herz des Continental-Werks Vahrenwald

Die Cumberland-Galerie hinter dem Amerika-Haus diente lange als Requisitenlager der Oper

Unter dem Pyramidendach des Landesmuseums wartet Ausgestopftes auf den Einsatz ...

... ein bizarrer Zoo vorgetäuschter Lebendigkeit

Berggorilla Toni ist König im Urwaldhaus des Zoos

Die Scorpions – Heavy Metal aus Hannover – proben unter den Dächern ehemaliger Stahllagerhallen

Länderspiel im Niedersachsenstadion

Die Disco-Zelte des Musikzirkus wirken winzig in der „U-Boot"-Halle der Hanomag

Staubige, steile Treppen führen bis unter die Dachhaut dieses Industriedomes.

Vordach einer Pommesbude hinter dem Güterbahnhof

nostalgischer Blick aus dem Magis-Café auf das alte Café Kröpcke

Kinderspiel in einer Straßenpfütze

Zur Fotografie

Im Gegensatz zu meinen bisherigen Bildbänden stehen nicht Menschen im Mittelpunkt vieler Bilder, sondern Räume, Dächer, Dachlandschaften, in denen Menschen eine eher untergeordnete Rolle spielen.

Mit diesem Bildband betrat ich als autodidaktischer Fotograf unsicheres Neuland. Ich bin eher ein Bilder-Sucher als ein Bilder-Macher und hatte bislang auf den Einsatz von Kunstlicht/Blitz weitgehend verzichtet. Unter dunklen Dachhäuten erwies sich diese Arbeitsweise jedoch meist als wirkungslos.

Mangelndes Tageslicht und der gewaltige Kontrast zwischen oft fensterlosen Dachräumen und hellem Außenlicht und der meist notwendige Einsatz von Blitzlicht zwangen immer wieder zum Experimentieren. Einen Dachboden mit Hilfe von Stativ und Langzeitbelichtung stimmungsvoll auf Film zu bannen, war für mich kein Problem und kostete mich im Fall des Wilhelm-Busch-Museums kaum zehn Minuten. Abseits kontrollierter Studiolampen jedoch und abgeschirmt von den recht einfach zu bestimmenden Lichtverhältnissen einer Stadtlandschaft, stellte mich das schummrige Licht vergessener Spitzböden oder das Mischlicht riesiger Fabrikhallen vor gewaltige Probleme – vor allem dann, wenn es galt, auch Menschen in dieser Umgebung vorzustellen.

Nicht zuletzt deshalb, weil ich auf feinkörnige (niedrigempfindliche, langsame) Filme nicht verzichten wollte. Ein Aufhellen ist hier unumgänglich. Auf schweres Gerät (Blitzanlagen oder Scheinwerfer) habe ich jedoch wohlweislich verzichtet. Nicht nur, weil es atemberaubend gewesen wäre, sie auf verstaubte Dachböden oder Türme zu schleppen, oft fehlte dort oben einfach die Steckdose.

Ich experimentierte deshalb mit einer Technik, die ich auch in Zukunft auf meinen Reisen in entferntere Ecken des Globus allein bedienen und schleppen kann. (Wen wundert es, ich habe inzwischen auch die Arbeit unter den Dächern von Paris (!) aufgenommen.)

Ich begann mit zwei akkubetriebenen Blitzgeräten mit den Leitzahlen 32 und 45. Später kam noch ein drittes Blitzgerät mit Leitzahl 45 hinzu, die zusammen ihren Saft aus einem kleinen, umhängbaren Akku bezogen. Diese ‚Blitzpower' ist zwar für größere, stockdunkle Räume immer noch deprimierend schwach, aber in Verbindung mit Langzeitbelichtungen erreichte ich fast immer mein Ziel: stimmungsvolle (nicht hell ‚zerblitzte') Dias. Allerdings mußten in einigen Fällen meine Modelle dann ein paar Sekunden stillstehen – wie zu Zeiten der ersten Plattenkameras. Einige Aufnahmen benötigten gar mehr als eine halbe Minute Belichtungszeit.

Fotografiert habe ich im Kleinbildformat 24 x 36 mm. Die abgebildeten Fotos entsprechen in der Regel dem vollen Diaformat und sind nur in ganz wenigen Fällen Ausschnitte. In Räumen arbeitete ich vor allem mit einem 21-mm-Weitwinkel-Objektiv. Die Teleaufnahmen über die Dachlandschaft Hannovers hinweg entstanden mit Objektiven der Brennweite 180 und 250 mm. Die Luftaufnahmen (vom Ballon der NORD/LB oder aus einer Cessna) wurden mit Leica-Objektiven der Brennweite 21, 28 und 60 mm aufgenommen, immer in Verbindung mit einer bewährten Leica R4s, deren Spotmessung vor allem bei schwierigen Belichtungsverhältnissen unersetzbar war. Für einige wenige Extremfälle benutzte ich eine von einem Freund entliehene Nikon F3 mit einem extremen 18-mm-Weitwinkel und für Blitzaufnahmen zusätzlich einen Blitzbelichtungsmesser.

Den Fototerminen vorausgegangen waren Monate mit zahllosen Telefongesprächen, in denen Lokalitäten erfragt und Mißtrauen abgebaut werden mußten. Am schwierigsten war es schließlich, in den Terminkalender des Prinzen von Hannover, von Bürgermeister Schmalstieg, Kinozar Flebbe oder auch Pornostar Teresa Orlowski zu kommen. Beim Kinozar klappte es schließlich nicht und so ‚mußte' ich mit einem nicht minder fotogenen Filmvorführer vorliebnehmen.

Von den vielen angesprochenen Firmen verweigerte nur Pelikan den Blick unter die Dachhaut ihres ‚Tintenschlößchens', als hätten sie etwas zu verbergen. Bei Bahlsen war es wiederum ganz einfach, aber dort waren die alten, schon verlassenen Produktionsräume unter den schönsten Fabrikdächern der List leider schon so von Maschinen entseelt, daß sie sich für einen Bildband nicht mehr eigneten. In einigen Fällen dauerte es monatelang, bis das Mißtrauen vor einer fremden Kamera überwunden werden konnte. Der Schlachthof verschanzte sich anfangs wegen des Hormonskandals und die Bewohner der Kofferfabrik auf dem Sprengelgelände vermuteten wohl zu Beginn in mir einen Handlanger der Polizei.

Eine Bildidee scheiterte schließlich am mittelalterlichen Zunftdenken der Zahnärztekammer. Ohne Namensnennung wollte ich in einer modernen Zahnarztpraxis einer Ärztin auf die Finger und einem Patienten ins Maul schauen. Da aber durchs Fenster des High-Tech-Baus im Hintergrund die Glaspyramide eines chinesischen Restaurants zu sehen gewesen wäre, verweigerte die Zahnärztekammer mit einem rüden Brief die Zustimmung mit dem Argument, dies sei für die ungenannte Ärztin eine „unerlaubte, wenn auch unbeabsichtigte Werbung" und jeder ‚Kollege' könne klar ersehen, um welche Kollegin es sich handle.

Das Bild weiblicher Zahnarzthände hätte allerdings kaum das Übergewicht an Männern in diesem Bildband aufgewogen. Das war nicht beabsichtigt und wäre auch durch keine Quotenregelung zu umgehen. Denn unter und über den Dächern von Hannover begegneten wir vor allem Männern. Ob nun in Gestalt von Hausmeistern, Monteuren oder Chefs, Frauen spielen unter der Dachhaut bislang nur die zweite Geige.

Und zuletzt erwies sich das hannöversche Wetter als ein starker Gegner, das so manchen Termin platzen ließ. Es fehlen auch Winterbilder, der Winter verweigerte sich uns ganz einfach.

Karl Johaentges

Die Luftaufnahmen der Oststadt, Lindens und der Innenstadt wurden von der Bez.-Reg. Braunschweig freigegeben: Nr. J-3/1-5.

Fast alle im Bildband veröffentlichten S/W-Fotos sind nach Vorlagen von Diapositiven gescannt worden.

Literatur

Architektur in Hannover seit 1900
- Hermann Boockhoff und Jürgen Knotz (Hrsg):
  Hannover und München 1981

Die Anfänge der Stadt Hannover
- Helmuth Plath
  Hannover o.J.

Hannover in Karte, Wort und Bild
- Hans Prechtel
  München, Frankfurt 1968

Der Maschsee in Hannover
- Waldemar R. Röhrbein (Hrsg.)
  Hannover 1986

Dächer und Giebel
- Von Wolfgang Lauter. Aus dem Nachwort von
  Kyra Stromberger
  Dortmund 1985

Hannover im Bombenkrieg
- Dieter Tasch
  Hannover 1983

Hannover zwischen Null und Neubeginn
- Dieter Tasch
  Hannover 1985

Jahrbuch zum Jubiläum 1981 der Bismarckschule
- Ulrich Bauermeister (Hrsg.)
  Hannover 1981

Architektonische Formenlehre
- Günther Binding:
  Darmstadt 1980

Die Eisenbahn in Hannover
- Günther Engel (Hrsg):
  Eppstein im Taunus 1969

Beitrag zum Bauwesen
- Bernhard Christian Faust:
  Bückeburg 1830

Das Dach in Volkskunst und Volksbrauch
- Hans-Günther Griep
  Köln-Braunsfeld 1983

Grasdach
- Bernd Grützmacher
  München 1984

Das Opernhaus in Hannover
- Sabine Hammer (Hrsg)
  Hannover 1986

Das Rathaus in Hannover
- Wolfgang Steinweg
  Hannover 1988

Flachdach - Architektur, Konstruktion
- Gerd Heene
  Gütersloh 1983

Heimatkundliche Wahrzeichen
- F.H. Hesse
  Hannover 1929

Geschichte der Baukunst vom Altertum bis zur Neuzeit
- D. Joseph
  Leipzig 1912

Dächer
- Johann Kräftner und Peter Daniel Wolfkind
  St. Pölten (Österreich) 1980

Katholische Kirche in Hannover
- Helmut Kulle
  Hildesheim 1962

Die St. Aegidienkirche zu Hannover
- H. H. Leonhardt
  Hannover 1947

Leben im alten Hannover
- Siegfried Müller
  Hannover 1986

Dächer, Türme, Kuppeln
- Rupert Feuchtmüller
  Wien, München, Zürich, New York 1981

Spuk im Bürgerhaus. Der Dachboden in der deutschen Prosaliteratur als Negation der gesellschaftlichen Realität
- Margret Rothe-Buddensieg
  Kronsberg im Taunus 1974

Der Baustoff als gestaltender Faktor niedersächsischer Kulturlandschaften
- Anneliese Siebert
  Bad Godesberg 1969

Hannover ehemals, gestern und heute
- Felix zur Nedden
  Stuttgart 1984

Hannover
- Goetz Buchholz
  München 1989

Hanomag - verladen und verkauft
- Stadtpost-Schriften 1
  Hannover 1982

150 Jahre Tellkampfschule
- Tellkampfschule Hannover (Hrsg.)
  Hannover 1985

So wohnen die Völker der Erde
- Otto Völkes
  Donauwörth 1949

Von Ädikula bis Zwerggalerie
- Anni Wagner
  München 1975

Reader zur Geschichte der Hanomagbelegschaft und ihrer Interessenvertretung 1920-1980
- Arbeitsgruppe Hanomag des Projekts
  Arbeiterbewegung in Hannover
  Hannover 1983

KaJo-Verlag Hannover
Lichtenbergplatz 1 · 3000 Hannover 91 · Tel. (0511) 4 58 23 37

Karl Johaentges
Neuseeland
Bildband. 156 Seiten mit 172 Farbfotos auf Kunstdruckpapier. 48 Textseiten locker geschriebene Einführung mit zwanglosen Abstechern in die Geschichte und ausführliche Bilderläuterungen stimmungsvoller Farbfotos. Ein Mosaik von Landschaften (u)nd Menschen des Landes. Aufl. 1988 Tausend) nur noch 39,80

Karl Johaentges
Bilder einer Weltreise
184 Seiten Bilder- und Lesebuch einer dreijährigen Weltreise mit 170 Farb- und 80 S/W-Fotos. Eine Sammlung von Berichten, Briefen, faszinierenden Fotos in hervorragender Druckqualität und außergewöhnlichem Layout. Eindrücke des Reise- und Arbeitsalltags in Asien, Australien und den USA. – 3. Aufl. 1989 (10.–15. Tausend)
DM 39,80

Johaentges/Blackwood
Bilder aus Irland
...r-Lesebuch einer 4monatigen Reise mit dem VW-Bus kreuz und quer über die immergrüne Keltensinsel – spektakuläre Landschaften, Pferderennen, Viehmärkte, Dublin, Fiddler und Fischer an der Westküste, die Küste Nordirlands, geheimnisvolle Ruinen. 160 Seiten mit 150 Farb- und S/W-Fotos auf halbmattem Kunstdruckpapier. Erscheint Frühjahr 1990. 48,–

Johaentges/Blackwood
Lissabon – Hongkong – mit der Eisenbahn
180 Seiten Bilder- und Lesebuch einer dreimonatigen Bahnreise / via **TRANSSIB** durch Europa, Sibirien und Asien bis zum Fernen Osten. 170 hervorragend gedruckte Farb- und S/W-Fotos auf Kunstdruckpapier. Eine Collage von Tagebuchnotizen, Reisedokumenten, Portraits und Bahnhofslandschaften dieser 17.343 km langen Reise. 2. Aufl. 1989 (7.–12. Tausend)
DM 39,80

Ausgezeichnet mit dem KODAK FOTOBUCHPREIS

Auslieferung Deutschland
ILH GeoCenter Stuttgart

Auslieferung Schweiz
Schweizer Buchzentrum Olten

Auslieferung Österreich
Hora Verlag Wien

Foto: Jochen Lübke

Udo Iwannek

geboren 1956 in Hannover

Udo Iwannek ist das Gegenteil eines Globetrotters: bis auf gelegentliche Urlaubsreisen ins Ausland (vorzugsweise Italien) hat der 33jährige seiner Geburtsstadt bis heute die Treue gehalten. „Hannover biedert sich nicht gleich jedem Auswärtigen an," erklärt er seinen Hang zur Heimat, „aber Hannover hält, was Hamburg verspricht."

Nach dem Abitur auf der Integrierten Gesamtschule Roderbruch 1977 begann Udo Iwannek an der Universität Hannover Geschichte und Politik zu studieren, opferte jedoch Anfang der 80er die akademische Laufbahn dem Journalismus. Er schrieb unter anderem für TRANSATLANTIK, KONKRET, DEUTSCHES ALLGEMEINES SONNTAGSBLATT, FAZ und seit 1987 regelmäßig für die HANNOVERSCHE ALLGEMEINE ZEITUNG – vor allem Reportagen, Features und Glossen. Neben lokalen Themen reizen ihn immer wieder Ausflüge in den Sportjournalismus.

Nach einem kurzen Intermezzo als Chefredakteur beim Stadtmagazin SCHÄDELSPALTER arbeitet Udo Iwannek seit Mitte 1989 als Fernsehjournalist. ‚Unter Hannovers Dächern', sein erstes Buch, versteht er auch als eine persönliche Zwischenbilanz. „Wenn man so will, habe ich 33 Jahre für dieses Buch recherchiert."

Karl Johaentges

geboren 1948 in Daun/Eifel

Nach einer fünfjährigen Tätigkeit als Architekt in Hannover startete er 1981 („Jetzt oder nie!") zu einer dreijährigen Weltreise, in deren Verlauf er auch in Architekturbüros in Indien, Japan, Hongkong, Australien und Neuseeland arbeitete. Das füllte die Reisekasse, wichtiger jedoch war der Versuch, durch Arbeit vor Ort, die Haut des Touristen ein wenig abstreifen zu können.

Nach diesen „architektonischen und fotografischen Wanderjahren" brachte er im Herbst 1985 den vielbeachteten Bildband BILDER EINER WELTREISE heraus. 1986 folgten in Zusammenarbeit mit der Australierin Jackie Blackwood der Bildband NEUSEELAND und 1988 das BilderLesebuch LISSABON–HONGKONG – MIT DER EISENBAHN, für das sie den KODAK-Fotobuch-Preis erhielten.

Den Beruf des Architekten hat Karl Johaentges mittlerweile in die Schublade geschoben und arbeitet als freier Fotograf und Journalist in Hannover. Größere Fotoreportagen wurden in Magazinen wie ZEITmagazin, VIVA, NATUR, PHOTOGRAPHIE, COLORFOTO, DEUTSCHE BAUZEITUNG, EL PAIS (Spanien), EUROPAEO (Italien), AVANTGARDE (Holland), ARCHITECTURAL JOURNAL (England) veröffentlicht. Arbeitschwerpunkte sind Reportagen, Länderportraits und Architekturfotografie.